Tonja Pölitz

Ein Jahr in Wien

Inhalt

„Von mir gibt's in Deutschland zehn,
und ich muss hier alles alleine machen."

Ein Österreicher,
nach Dirk Stermann

*Meinen Eltern
und Andreas,
weil ich mit euch immer da ankomme,
auch ohne zu wissen, wohin ich will.*

Vorneweg
Sechs Wochen vorher

AUSGERECHNET DER ROSAROTE Plüschbademantel meiner Mutter. Es gibt Momente im Leben, da hätte man besser keinen rosa Plüsch getragen. Wann immer ich nun zurückdenke, an den entscheidenden Moment, dann ist da auf immer und ewig zuerst dieser Bademantel.

Es war ein Vormittag, an dem ich überzeugt sein durfte, das Beste vom Tag schon längst hinter mir zu haben. Die Nacht war, was man als erlebnisreich bezeichnen würde. Endlich war ein Dreh mit versteckter Kamera geglückt. Der Bericht über chinesische Menschenhändler würde einschlagen wie eine Bombe. Gehüllt in eine Portion Übermut, wie nach einem Banküberfall, und, wenig vorteilhaft, im XXL-Bademantel meiner Mutter, stand ich auf der Terrasse meiner Eltern. So ganz in Rosa entsprach ich jetzt natürlich nicht auf Anhieb dem Abbild einer aufstrebenden investigativen Journalistin nach gelungenem Coup. Mit Kaffeetasse und Handy in der Hand sah ich gerade eher aus wie eines von den Teletubbies in der Betriebskantine.

„Anruf verpasst, Chefredaktion!" stand da. Die rief nun wirklich selten an. Die Rückruftaste wählte sich fast von selbst, schon aus Neugier. Wie sollte ich ahnen, dass von diesem Moment an mein beschauliches wie überschaubares Leben – von nächtlichen Drehs bei chinesischen Menschenhändlern mal abgesehen – auf den Kopf gestellt werden würde! Ich hörte noch die Worte „Wien" und „Wir haben da an Sie gedacht".

Dann wurde es still am anderen Ende der Leitung. Man bemühte sich, ein Fragezeichen hinterherzuschicken. Nur pro forma natürlich, denn die Botschaft war unmissverständlich: Jetzt jubeln! W i e n ! Sie haben schon richtig verstanden. Und selbst wenn das ein Angebot wäre, könnten Sie es ja sowieso nicht ablehnen!

Natürlich konnte ich nicht. Wien! Das ist ein Achter im Lotto. Ich sah an mir herunter. Ausgerechnet jetzt in Bademantel und Mutterns Schlappen! So jedenfalls sieht keine coole Korrespondentin aus. Wahrscheinlich, dachte ich, könnte es jetzt nicht schaden, dankbar zu klingen.

„Und wieso ich?" Die Frage war nun wirklich typisch für mich! Da kommt aus heiterem Himmel ein Jobangebot, in einer der lebenswertesten und schönsten Städte der Welt, und ich reagierte erst mal beleidigt, als wollte man mich nicht nach Wien, sondern in die Wüste schicken.

Aber mal ehrlich! Warum ich? Ich drehte gerade an einer gefährlichen Story über die Asia-Mafia. Und ab sofort sollte ich also nur noch über Sachertorte und Opernball berichten? „Ja, servus, die Sissi!" Kaiser Franz Joseph war jetzt auch keine Hilfe. Das andere Ende der Leitung wartete.

Selbst wer mich nur flüchtig kennt, weiß, dass „sprachlos sein" ein Ausnahmezustand ist, der bei mir einfach nicht eintreten will. Sehr zum Bedauern meiner Umwelt auch nicht mal kurz nach dem Aufwachen. Ich rede sogar dann und erst recht sehr viel, wenn ich nicht weiß, was ich sagen soll. Aber ich sagte nichts.

„Es wäre jetzt natürlich die Gelegenheit, das Angebot abzulehnen!", sagte das Telefon, der Ton war leicht ins Ungeduldige verrutscht. „Mhm ...", ich musste mich entscheiden, „... ja klar, ... also nein, ... ich meine, ich will natürlich nicht ablehnen!" Das klang nicht gerade fest entschlossen, aber es würde mir vielleicht ein letztes Quäntchen Zeit verschaffen.

Österreich kannte ich. Vom jährlichen Wanderurlaub. Und vom Skifahren. Landschaftlich sicher tadellos, etwas steile Berge vielleicht, lustiger Dialekt auf jeden Fall. Und alle Welt schwärmt doch so für Wien. Bis in die österreichische Hauptstadt hatte ich es bisher nur ein einziges Mal geschafft, exakt für drei Stunden. Eher zufällig, beim Umsteigen auf einer Bahnreise. Zwischen zwei Zugverbindungen war gerade mal genug Zeit, um mich bis zum Stephansdom vorzuarbeiten. Aber irgendwie löste Wien damals keinen sehr dringenden Wunsch in mir aus, für einen ausgedehnten Aufenthalt zurückzukehren. Schade, die Entscheidung jetzt wäre mir sicher leichter gefallen.

Wien, das waren Burgtheater und Kaiserschmarrn. Aber konnte man da die Welt verbessern? Klang das nach journalistischer Herausforderung? Der letzte exportfähige Aufreger Österreichs nach Falco hatte sich selbst aus dem Rennen genommen. Wenn auch mit fraglichen Botschaften, hatte Jörg Haider es immerhin mal über die Landesgrenzen hinausgeschafft. Seit Haiders Tod war nicht mehr allzu viel zu hören vom Nachbarn. Der Name des aktuellen österreichischen Bundeskanzlers? Taugte in jedem Fall zur Eine-Million-Euro-Frage!

Brennende journalistische Fragen? Spannende Geschichten? In Österreich?

Also pölitzerpreisverdächtig war das nicht gerade. Und immerhin hatte ich es schon in eine Primetime-Fernsehsendung geschafft. Gut, nicht immer mit so herausragenden Geschichten wie der Asia-Mafia („Pölitz süßsauer", scherzte meine Familie bereits). Aber sollte ich das wirklich eintauschen? Gegen Geschichten wie: Härtetest beim Apfelstrudeldiplom? Küss die Hand, g'nä Frau, und die Folgen fürs Weltklima? Der Bergdoktor und seine austherapierten Bergziegen? Und in jedem zweiten Beitrag dudelt Walzermusik!

Das hält doch kein Fernsehjournalist ernsthaft ein ganzes Jahr lang durch!

Auslandskorrespondentin. Das kam sehr überraschend. Ich würde in Wien leben müssen. Das hieß umziehen. Familie und Freunde zurücklassen. Pixel, meinen Kater. Und Max. Max hasste Österreich! Er sagte das zwar nur im Scherz – seine halbe Verwandtschaft bestand schließlich aus Österreichern –, aber würde er mit nach Wien kommen? Wenn nicht, hieße das weiterhin Fernbeziehung. „Nächstes Wochenende geht's schon wieder nicht, Liebling!" Diesen Zustand hätte ich lieber früher als später beendet. Ich wollte Familie, Kinder. Und bekam stattdessen also: Karriere! Kann man ja mal eben schnell einschieben. In vier Wochen war auch erst mein 36. Geburtstag!

„Also?" Der Telefonhörer klang nach Entscheidung. Ich hatte vielleicht noch fünf Sekunden. Auslandskorrespondentin! ... Noch vier ... Wien! ... Noch drei ... Sie würden mich nie wieder anrufen ... Noch zwei ... Ganz sicher nie wieder!!! ... Eine ... „Ich mach's!", hörte ich mich sagen.

„Prima, Sie haben sechs Wochen Zeit zum Packen. Jetzt erklären Sie das erst mal Ihrer Familie! Den Rest klären wir beide später."

Da stand ich. Wie aus dem Ei gepellt. Frisch gebackene Österreichkorrespondentin. Vielleicht sogar mit Talent. Ganz sicher ohne jede Ahnung. Kompetenter als ich in diesem Augenblick konnte man sich nicht fühlen. Und erst recht nicht in rosa Plüsch und Mutterns Schlappen.

August
Wien ist anders

„HERZLICHEN GLÜCKWUNSCH! Sie haben entweder aufmerksame Freunde oder Sie sind von selbst draufgekommen: Der richtige Umgang mit Österreichern will gelernt sein!" So oder so ähnlich fingen die meisten Bücher über Wien an. Ich bin schon mal grundsätzlich kein Freund von Bedienungsanleitungen. Ich drücke lieber irgendwo drauf und warte gespannt, was dann passiert. Trotzdem hatte ich wirklich versucht, vor der Abfahrt einen dieser Wien-Reiseführer tatsächlich auch zu lesen. Zur Einstimmung und schon deshalb, weil ich ihnen in den Wochen vor meiner Abreise sowieso kaum entkommen konnte. Denn originellerweise erwiesen sich jede Menge Wien-Ratgeber gleich hinter den Sissi-Devotionalien als gefeierte Renner unter den Abschiedsgeschenken. Und jedes dieser Bücher klang sofort nach Beipackzettel. Nach Risiken und Nebenwirkungen. Und bitte, das in Österreich!

Das machte in meinen Augen ja nun gar keinen Sinn. Warum sollte ich für etwas Mühe aufwenden, von dem ich der unerschütterlichen Überzeugung war, es voll im Griff zu haben? In ein gemietetes Auto steigt man ja schließlich auch einfach ein und fährt los. Nein, keiner liest vorher erst umständlich nach, wo eventuell dieses Mal Gaspedal und Bremse versteckt sein könnten. Die sind da, wo sie immer sind! Sogar in Österreich!

Außerdem würde ich mich dort ohne Probleme verständigen können. Man spricht in Wien ja nicht Kisuaheli, sondern Deutsch. Alles wird gut, auch ohne Bedienungsanleitung. Ich war davon sogar so sehr überzeugt, dass ich bereit war, bei meiner künftigen Berufsbezeichnung „Auslandskorrespondentin" auf das „Ausland" zu verzichten. Als Deutsche in Österreich, mal ehrlich, da musste „Korrespondentin" reichen. Alles andere fühlte sich maßlos übertrieben an und kam mir glatt wie Hochstapeln vor. Auslandskorrespondenten arbeiten schließlich unter richtig harten Bedingungen. Sie müssen sich mit kommunistischen Diktatoren oder mit klimatisch bedingtem Sauerstoffmangel herumschlagen. Sie müssen damit rechnen, im Supermarkt als Geisel genommen oder an einer roten Ampel wahlweise ausgeraubt und/ oder erschossen zu werden. Und falls nicht, dann haben sie es wenigstens mit gefährlichen Krankheitserregern im Essen oder im Trinkwasser zu tun. Kriege, Katastrophen, Seuchen, Hungersnöte. Bitte sehr! Wie sollte denn da Wien und sein Sachertortenklima mithalten? Schnitzeltod? Mozartkugelmassaker? Bakteriell verseuchte Handküsse? Damit ließ sich doch nun wirklich nicht angeben. Wien war eine Weltstadt, groß, schön, voll mit Kultur. Und ich sollte dafür auch noch bezahlt werden. Also lieber nicht so dick auftragen und „Ausland" weglassen.

Trotzdem, liebe Österreicher, bevor Sie jetzt gleich den Protestfüller anwerfen, um meinen Briefkasten elektronisch zu verstopfen, natürlich und selbstverständlich sah ich Österreich als Ausland an. Wie übrigens fast alle Deutschen. Nur eben als eines, das sich nicht so anfühlte wie richtiges Ausland. Jedenfalls von Weitem, von Deutschland aus, nicht. Ein Fehler, ich weiß!

Ja, ich gebe es ja zu, ich war eine von diesen Einwanderungsignorantinnen. Denn noch bei der Einreise ins Nachbarland, am Tag des Grenzübertritts, habe ich doch tatsächlich angenommen, nur in wirklich exotischen Ländern würde man mit Sprachschwierigkeiten zu kämpfen haben, mit unentzifferbaren Schriftzeichen etwa oder komplizierten Begrüßungsriten. Kennt man ja: in Indien die linke Hand beim Essen weglassen, aber in Japan unbedingt mit beiden Händen zur Visitenkarte greifen. Kniffelige kulturelle Hindernisse wie essen mit Stäbchen, Nasenküsse, Linksverkehr oder Kopfschütteln, wenn ich „Ja!" sagen will, usw.

Denken Sie jetzt auch, mit all dem wäre frühestens am Ende der Welt zu rechnen? Ihnen fallen auf Anhieb keinerlei Einwanderungsschwierigkeiten in Österreich ein? Als Tourist haben Sie sich dort stets willkommen gefühlt? Das würde in Wien auch nicht anders laufen?

Und wie es das tat!

Dass es mit der touristischen Komfortzone in Österreich ab sofort vorbei sein würde, hat mir dann Elfie beigebracht. Es war mein zweiter Tag in Wien und ich war mit der mir anvertrauten Freundin meiner Eltern, einer kleinen, properen und fröhlichen Urwienerin mit ständigen Geldsorgen, auf Wohnungssuche.

Warum man zum Beispiel als doofer Tourist einen Milchkaffee bestellen darf, aber auf keinen Fall mehr, wenn man vorhat, in Wien mehr als zwei Wochen zu verbringen, habe ich erst nicht verstanden. Der Wiener jedenfalls muss eine feine Antenne haben. Wo er die hat, weiß ich nicht. Er registriert jedoch umgehend, welcher Teutone sich nur zeitweise über einen Stadtplan beugt und welcher sich entschieden hat, länger als zwei Wochen in der Stadt zu bleiben.

Deutscher Typ 1 und Typ 2, ungefähr so wie bei Diabetes. Eins gefährlicher als zwei. Während Typ 2 („verschwindet wieder") seine Deutschtümelei in Wien in aller Seelenruhe ausleben und sich sogar kaffeekännchenweise einen Koffeinschock ansaufen darf, gelten für Typ 1 („bleibt länger!") ab dem Moment des Überführtseins knallharte Aufenthaltsregeln.

Blöderweise ahnt man davon selbst erst mal gar nichts. Und ignoriert fröhlich lauernde Fettnäpfe, selbst wenn die die Größe von Swimmingpools haben.

Neben Elfie im „Café Eiles" in der Josefstädter Straße über die Anzeigen des Wiener Wohnungsmarktes gebeugt, bestellte ich eher beiläufig beim Kellner, den Finger noch auf den Zeitungsannoncen und in mir angeborenem Hochdeutsch: „Ich hätte gern einen Milchkaffee!"

Mein eigener Satz irritierte mich erst, als Elfie mich milde anlächelte, ohne die Bestellung für sich fortzusetzen, und, wie die Gratisbeilage einer Zeitung, ihrem Lächeln die Botschaft beifügte: „Du, des sogma do net!"

Der Kellner, der zu meiner Verwunderung noch gar nichts gesagt hatte, nickte nur. Er wartete geduldig und legte dabei den Kopf zur Seite, wie ein Schuldirektor am ersten Schultag, wenn er genüsslich den Eltern dabei zusieht, wie sie ihrem heulenden Ableger einzureden versuchen, dass die Schule bestimmt doch noch ganz toll werden wird.

„Wie jetzt, ‚Milchkaffee' sagt ihr nicht? Er versteht mich doch!" Das Fragezeichen schickte ich zum schweigenden Kellner rauf und ein hilfloses Lächeln hinterher. Elfie und der Mann in Schwarz wirkten bereits so betreten, als hätte ich gerade auf einer Beerdigung beim Pfarrer Toast Hawaii für alle bestellt. Elfies rundliches Gesicht lächelte mit einem tiefen Atmer die nächste Runde „Kaffee-Knigge" ein: „Scho, oba es geht a ums Prinzip!"

„Ach ...?" Ich verkniff mir, der offensichtlich ernsten Situation angemessen, einen Lacher. „Und bitte um welches?" Diesmal antwortete der Kellner mit einem Seufzer, als hätten er und Elfie diese Szene hundertfach geprobt. Er holte ganz tief Luft und platzierte in gespielter Langeweile seine Worte aufs Ausatmen:

„Wollen'S a Melange, a'n großn Braunen oder a'n Caffè Latte?" Am Schluss hatte der Herr Ober sogar die Augen geschlossen.

„Ah, Caffè Latte!", antwortete ich und war drauf und dran, hinzuzufügen, dass das ja wohl, ja, genau, ‚Milchkaffee' heißen würde! Elfie kam mir zuvor.

„Für mi a Melange. Bitttä!" Ihr Vorwurf folgte leise, beleidigt und sehr wohl in Hörweite für den Herrn Ober im Abgang. „Du host di mit uns Österreichern ja gor net b'schäftigt! Ihr Deitschen könnt doch net a'foch doherkumma und so tuan, als warat ihr noch z'haus!"

Halb ertappt – denn beschäftigt hatte ich mich mit Österreich oder Wien nun wirklich nicht, aber ich war mir dieses eklatanten Versäumnisses bis eben auch noch nicht bewusst – und halb entrüstet über diesen pingeligen Bestellvorgang, versuchte ich, mich zu verteidigen: „Aber ich will doch nur einen Kaffee!" Jetzt hatte auch Elfie die Augen geschlossen und sprach mit letzter Kraft.

„Es haaßt do oba ‚Kaffeeeee'!!!" Und im Gegensatz zu mir betonte sie „Kaffee" nicht vorn, auf „Kaff", sondern hinten, auf „fee". Dazu schüttelte der Kellner hinterm Tresen missbilligend den Kopf.

An dieser Stelle hätte es mir bereits dämmern können, aber das Licht dazu ging mir leider erst sehr viel später auf. Denn genau das hasst der Wiener! Wir Deutschen dürfen uns bei ihm wohlfühlen, sollen wir sogar. Wir sollen seine Stadt toll finden, seine Bewohner sowieso, und unsere Anerkennung zollen. Aber wohlfühlen heißt eben noch lange nicht, dass wir uns auch so verhalten dürfen, als wären wir noch zu Hause.

Klar mögen Deutsche Österreich. Das Essen ist hier besser, das Leben gemütlicher, Wien schöner und lebenswerter als so manch andere Stadt auf der Welt. Die Menschen höflicher, ihre Sprache charmanter, die Jobs oft besser bezahlt. Tausende Deutsche wandern deshalb jedes Jahr nach Österreich aus. Touristen noch nicht mal mitgerechnet, sind wir hier, noch vor klassischen Gastarbeitern wie Türken oder Osteuropäern, bereits die größte Migrantengruppe. Und natürlich sind von so viel Krautkompetenz nicht alle Österreicher restlos begeistert. Insbesondere Wienern passt es gar nicht, dass in Tirol, was zwar weit genug weg ist, inzwischen aber fast alle Kellner sächseln.

Ihr haufenweise deutsches Servicepersonal wissen die meisten Österreicher aber schon sehr zu schätzen. Nicht so sehr wegen der möglichen sprachlichen Verständigung. Eher aufgrund der Schadenfreude. Österreicher mussten lang genug zum großen Nachbarn nebenan aufschauen und nicht selten dort ihren Lebensunterhalt verdienen. Der eine oder andere Österreicher findet es also schon ganz schön, wenn es jetzt mal die Deutschen sind, die den Tisch abräumen.

Alles in allem kann man sagen, der Österreicher hat sich, wenn auch grantelnd, an uns gewöhnt. Doch es ist immer noch sein Land und es sind seine Regeln. Und selbst wenn man als Deutscher noch nie infrage gestellt hat, dass Österreich ein Land ist, ein eigenes wohlgemerkt, und auch wenn man Österreichs Unabhängigkeit ganz selbstverständlich anerkennt: Ein Wiener wird einem Deutschen gemeinhin unterstellen, dass der sein geliebtes Felix Austria insgeheim doch nur als deutsches Bundesland wahrnimmt. Und für ihn spricht offensichtlich schon alles dafür, wenn man bei ihm in Österreich wie zu Hause in Deutschland einfach „Kaffee" bestellt.

„Ja bist du deppert?" Er sah mir durch die Fahrertür triumphierend ins Gesicht. Kreuzung Pilgrambrücke/Wienzeile.

Er überholte mich links, um gleich daraufhin rechts, und das war direkt vor mir, in seine Haltestelle einzuscheren. Der unverfrorene Busfahrer vom 13 A hätte nur zwei Sekunden warten müssen, und ich wäre ihm davongeradelt. So aber quetschte er nun mich und mein Fahrrad zwischen sein rotes Hinterteil und den Bürgersteig.

„Rücksichtslose Pappnase!" Während ich versuchte, mein Fahrrad in Balance zu halten, wiederholte ich meinen ersten Wiener Fluch in aller Öffentlichkeit: „Bist' deppert?" Als hätte das was genutzt. Der Bus links kam immer näher, das Trottoir rechts machte leider auch keinen Platz. Der Weg davor: die Straße, die aber schon voller Bus war. Ich hatte die Wahl. Zusammenprall mit dem roten Ungetüm oder Knutschen der Bordsteinkante.

„Ja, wie viel Hirn hast du denn zwischen deinen Ohren?", wollte ich ihm gerade zurufen, doch ich musste bereits alle Konzentration darauf verwenden, meine Fahrradbereifung tunlichst vom gefährlich hohen Bürgersteig fernzuhalten. Und das unter den Augen glotzender Buspassagiere am Fenster. Wobei der erhöhte Schwierigkeitsgrad natürlich darin bestand, auf der anderen Seite nicht vom Bus erwischt zu werden. Auf den mir für dieses Experiment verbliebenen circa fünf Zentimetern klappte das Ganze ungefähr zwei Sekunden lang. Dann kippte ich mit lautem Scheppern der Länge nach über die Bordsteinkante. Wie eine versehentlich an Land geschwommene Flunder lag ich auf dem Trottoir der Pilgrambrücke. Ich dachte noch, bevor ich den Schmerz spürte: Das darf jetzt nicht wahr sein!

„Ja, ham's dem ins Hirn g'schissn? Host des g'sehn, Helmut?" Es hatte mich direkt vor die „Würstelbox" und die Füße einer illustren Runde Flüssigwürstel gespült.

Der Bus hatte vor der Szene an seiner Haltestelle gehalten, der Fahrer machte keinerlei Anstalten, auszusteigen. Ich versuchte, mich zwischen Bürgersteig und Fahrrad zu sortieren. Hose inklusive der Knie darunter waren ramponiert. Da griff mir jemand mit biergeschwängertem Atem, versuchsweise tatkräftig, unter die Arme. „Na, Froillein, ham'S a sich wos 'tan?" Es war mehr psychologische Unterstützung, denn mein Promilleheld war auch nicht mehr der Standhafteste.

„Kummst her do, sonst ziag i di bei deine Ohrwascheln, Depperter!", krächzte es aus der Würstelbox. „Jo, wo bist du denn a'grennt! Des oarme Kind so z'sammfoahrn!" Gemeint war natürlich der Busfahrer. Mein Befinden schien meinen Peiniger nämlich nicht sonderlich zu interessieren. Wohl aber die Drohung von Frau Würstelbox. Sie hatte ziemlich große Hände, eine am Grill, schützend über ihren Würsteln, die andere den Busfahrer zu sich dirigierend. Und ihre wurstverschmierten Hände, so viel war sicher, mochte ganz sicher niemand auch nur in der Nähe seiner Ohren haben.

„Alex und Helmut, sammelt's amol die Sachen vom Froillein von der Stroßn." Und zu mir: „Servas, i bin die Gruber Annie." Sie wischte ihre Pranke an der hellblauen Schürze ab. Ich notierte schnell das Nummernschild auf einer Würstelboxserviette, als der Busfahrer in voller Unschuldsmiene und mit einem Notizblock auf mich zukam: „Ja, ham'S denn meinen Bus net g'sehn?"

„Jöh, bitte ... Hoit dei Pappn!" Es war sofort klar, auf wessen Seite die Würstelbox-Gruber stand und wer hier jetzt die Antworten gab. Ich jedenfalls musste gar nichts sagen. „Geh, erzöhlst ma des in a Sackerl und stöllst's mas dann vor die Tür! Genau g'sehn hob i's! Du Volltrottel host des Froillein g'schnittn, jawohl g'schnittn, scham' di!"

„Sie haben doch beim Überholen sogar zu mir rübergesehen!", mischte ich mich in astreinem Hochdeutsch ein. „Sie hätten doch nur ein bisschen warten müssen, und ich wäre weg gewesen!" Spätestens jetzt musste allen Beteiligten klar sein, dass ich keine Österreicherin war. Spannend! Helmut und Alex unterbrachen kurz die Sammlung meiner Einzelteile und sahen herüber. „Unterzeichnen'S ma do, dass Sie auf a'nen Arzt verzichten, und do a no!" Auf dem Busfahrerblock sollte ich unterschreiben, schuld am Unfall zu sein.

„Sagen Sie mal, für wie deppert halten Sie mich?" Er hatte mich gerade vom Fahrrad geholt und wollte anschließend also gleich noch mal über mich und meine Rechte drüberrollen. „Ihnen sollte man den Führerschein entziehen!"

„Genau! Und jetzt verteil di!" Das klang schwer nach Hausverbot bei der Würstel-Gruber. „Heast! Drah di! Schwimm haam auf deiner Nudelsuppn. Mir ham eh dei Numma notiert."

„Schleich di! Geh haam, sog i! Du g'scherter Aff!" Mitsamt meiner Handtasche über der Schulter bauten sich Helmut und Alex vorm Busfahrer auf. „Vertschüss di! Moch an Servas, sonst ..." Helmut schwankte kurz, fing sich aber. „Sonst häng i da aane um, dass die Zweite scho a Leichenschändung is', vastehst', du Ogschnittana." Übersetzt hieß das so viel wie: „Verpiss dich, sonst hau ich dir eine runter, dass die Zweite schon eine Leichenschändung ist, du abgeschnittener, kleiner Mann!" Das Ganze wirkte gerade wie die Probe für den Film „Hans Moser reloaded" oder wie die perfekte Werbeszene für den Volkshochschulkurs „So beschimpfen Sie Wiener richtig". Den Kurs gab es tatsächlich.

Als der Busfahrer von dannen zog, drehte sich Helmut zu mir um, strich sich ebenfalls die Hand an der Hose ab und streckte sie mir feierlich entgegen. „Servas, i bin der Helmut, und des do, des is der Alex!" Ich schüttelte beiden die Hand, dankbar für so viel Solidarität. Mit einer Deutschen dazu.

„Na, Klaane, wüst lieba zum Dokta wegen dem Knie do?"

Mit ihrer Würstchenzange stocherte Annie in Richtung meiner kaputten Jeans. „Oder is es nur a Wehwehtscherl?" Ich schüttelte den Kopf. „Geht schon wieder!"

„Oba a Eitrige mit a'n Buckl mogst? Do host, i geb a'ne aus!" Frau Gruber hatte eine gebratene Käsekrainer in der Zange und legte sie zum Brotkanten. „Amoi dazua g'schissn?", fragte sie. Dazu geschissen? „Mit Senf?", fragte die Gruber Annie auf Deutsch. Ich wollte keinen. Helmut und Alex noch nicht mal feste Nahrung. Beide blieben beim Abo vom „16er Blech" – Ottakringer Bier in der Dose, gebraut im Wiener 16. Gemeindebezirk. „Mir Klaane, mir miassn eh z'ommholtn!" Helmut hob die gelbe Bierdose. „Prost!"

„Was mochst'n do bei uns?", wollte Alex wissen „Auf Urlaub?" Ich biss in die Käsekrainer von Frau Gruber und erzählte den dreien, was sie wissen wollten.

„Des müssen die von die Wiener Linien oba zoahln!" Alex zeigte auf mein Loch in der Hose! „Wennst' a'n Zeugen brauchst' – uns findst' eh imma do am Würschtelstand." Er gab mir einen Zettel. Und da stand tatsächlich: Alex Königseder, Adresse: Würstelbox Pilgrambrücke.

In der Nähe meines Unfallortes hatte ich eine Wohnung besichtigt. Bisher war ich mit einem großen Koffer in einer Wiener Pension mit dem wohlklingenden Namen „Villa Opera" untergekommen. Unsere kleine Wohnung am Rhein, in der Max und ich jahrelang gemeinsam zusammen unterm Dach gelebt, im Winter gefroren und im Sommer geschwitzt hatten, hatten wir inklusive aller Möbel aufgelöst. Der Rest war entweder bei Max in Berlin, auf dem Flohmarkt oder in 25 Umzugskartons gelandet. Kater Pixel hatte ich bei meinen Eltern einquartiert. Inzwischen und gemessen an ihrer Größe besaß die Katze jetzt einen umfangreicheren Hausstand als ich. Und das immerhin ganz ohne Klamotten!

Max blieb erst mal in Berlin, bis sein Vertrag als Opernsänger dort auslief. Das hatten wir gemeinsam so entschieden. Redete ich mir jedenfalls ein. Tatsächlich war es Max' Entscheidung. Und sie war auch weniger an irgendeinen Vertrag gekoppelt, wie sich bald rausstellen sollte.

„Das kannst du wohl nicht ablehnen!?", hatte mein Herzallerliebster scharfsinnig festgestellt. Als ich ihn mit der frohen Jobbotschaft anrief, klang er so begeistert, als hätte ich ihm gerade von den Sonderangeboten für biologisch abbaubare Putzmittel vorgeschwärmt. „Das kannst du wohl nicht ablehnen?" Das meinte ja nun keinesfalls: „Toller Job, das musst du machen. Ich bin stolz auf dich! Auf nach Wien!" Nein, irgendwie steckte da die Bitte drin, den Job nicht anzunehmen, nicht zu gehen. Ich hatte bislang nur einen Koffer in Wien, und doch hatte ich für den neuen Job das für mich Wichtigste auf der Welt in Deutschland vergessen: Max.

Auf der Autofahrt fühlte sich noch alles wie ein großes Abenteuer an, bei dem ich nicht verlieren konnte. Unterwegs in eine neue Stadt. Neuanfang! Wie ein unbenutztes Notizbuch, auf das man erst mal in schönster Schönschrift seinen Namen setzt. Als ich nach acht Stunden Fahrt auf der Autobahn in Wien am Rennweg ankam und den Schlüssel aus dem Zündschloss nahm, blieb ich noch einen kurzen Moment im Auto sitzen. Ich war wirklich fest entschlossen, alles an meinem neuen Leben toll zu finden. Alles an Österreich und alles an Wien. Aber da, wo ich gelandet war, war es alles andere als toll.

„Am Rennweg fängt der Balkan an!", sagen die Wiener. Wenn ich das nur vorher mal gelesen hätte. Trübselig-graue Fassaden, bröckelnder Putz. Hier am Rennweg hätte man auf der Stelle das Leben in der DDR verfilmen können, ohne umzubauen, dachte ich. Nur der Plattenbau fehlte. Ansonsten echtes Ostfeeling. Mit „Balkan" war aber keinesfalls, wie man vielleicht meinen könnte, das etwas Trostlos-Schmuddelige am Rennweg gemeint, sondern das Tor nach Osten und – politisch nicht gerade korrekt – die Moral seiner Bewohner.

Übers Internet hatte ich mir für die erste Zeit ein Apartment in der „Villa Opera" gebucht. 1500 Euro Miete im Monat. Immerhin waren die Zimmer schick eingerichtet. Jedenfalls die auf den Fotos der Hotel-Webseite. Aber als ich meinen Koffer in das Erdgeschoss-Apartment schob, hatte das zu meinem Entsetzen überhaupt nichts mehr mit der schnieken Onlinefassung gemein. Bis auf den teuren Mietpreis, versteht sich, der war noch immer derselbe.

Die mit der Kraft einer 10-Watt-Birne beleuchtete Bleibe konnte nicht mal mit der schäbigsten Jugendherberge mithalten, eher mit einem größeren Kellerabteil. Sagen wir, das Ganze erinnerte an eine dieser Unterkünfte für osteuropäische Wanderarbeiter, von denen so oft im Fernsehen berichtet wurde. Hier sollte ich meine ersten vier Wochen durchhalten? Ich konnte mir nicht mal vorstellen, hier auch nur eine einzige Nacht zu verbringen. Dabei klang „Villa Opera" doch nach Stil und Kultur und sein Besitzer vor zwei Wochen noch so charmant am Telefon. Ehemaliger Operndirektor. Offensichtlich mit Sinn fürs Geschäft. Die komplette Miete für einen Monat hatte er mir bereits vorher, in seinem Jugendstil-Büro im Haus nebenan abgenommen. Natürlich bevor er mich in das trostlose Zimmer schob. „Mir sa'n leida aus'bucht, Froillein, nix anderes mehr frei!" Er grinste, als er mir die Tür aufschloss. Genau das war dann wohl mit „Balkan" gemeint.

„Grissdi!" Die Begrüßung von Herrn Wong hatte feine Tröpfchen auf dem dunklen Eiche-rustikal-Tresen im China-Beisl hinterlassen. Herr Wong – eine Bruce-Lee-Fassung in Schnitzel-Ambiente – sprach sein „Bitte sehr, bitte gleich!" als „Bisä, biglei!" aus. Die Bambus-Fotos überm Tresen, die anstelle eines Hirschgeweihs irgendwann mal für das Asia-Feeling sorgten, machten eingerollt den Eindruck, als fürchteten sie sich vor Herrn Wong und seinen Kochkünsten. Sie hingen schlaff von den Wänden wie wenig später auch das Hühnchen von meiner Gabel. Hier vom Rennweg aus ließen sich Sachertorte und Wiener Schnitzel nur noch auf einem anderen Planeten vermuten.

Willkommen in Wien! Im Kellerverlies in der „Villa Opera" ließ der Herr Direktor den Hotelausbau durch drei tschechische Bauarbeiter vorantreiben. Zum Gehämmer hinten trappelte in regelmäßigen Abständen vorm Fenster österreichisches Geplauder in osteuropäischen Varianten vorbei. Davor fand der Fetzen Vorhang offensichtlich schon längere Zeit keinen Halt mehr an der Gardinenstange. Kurz: Die ganze Tristesse am Rennweg bahnte sich ihren Weg direkt in dieses Schlafzimmer. Ich saß auf der Bettkante meines neuen Lebens, das alte hinter mir, in Deutschland gelassen. Alle „I love Austria"-Euphorie verflog angesichts des labbrigen Hühnchens und der angestaubten Möbel in null Komma nix. Mir kamen erst einmal Tränen. Ich hätte mich besser vorbereiten müssen. Nur mit einer Adresse und einem Koffer wandert man nicht einfach aus.

Heulend rief ich Max an. „Du lässt dir doch sonst auch nichts gefallen! Schlaf jetzt mal, und morgen zeigste dem Ösi, wo der Hammer hängt. Sonst komme ich vorbei!" Max hatte recht, ich war hundemüde und ahnte ja auch nicht nichts vom Hotel gegenüber. Das täglich morgens um vier Uhr früh zuerst von der Reinigung und pünktlich um fünf Uhr noch einmal, dann vom Bäcker, beliefert wurde.

„36 Euro Strafverfügung" – Als hätte es gar nicht besser laufen wollen, begrüßte mich an meinem ersten Morgen in Wien ein Knöllchen. Meine Unwissenheit darüber, dass man in Wien zwischen 9 Uhr und 22 Uhr fast nirgends kostenfrei parken darf, hatte sich pünktlich auf die Minute ausgezahlt. Als ich exakt um 9.20 Uhr ins Büro fahren wollte, klebte der Strafzettel von 9.16 Uhr bereits hinter meinem Scheibenwischer. Obergründlich. Da fühlte ich mich gleich wie zu Hause, im pingeligen Deutschland! Ich hatte am Abend noch nach einer Parkuhr gesucht. Aber natürlich nicht gefunden. Gibt's nicht in Wien. Auf Nachsichtigkeit der Politessen meines deutschen Kennzeichens wegen hoffen? Würde wohl sehr teuer werden!

Von „Kurzparkzonen" oder per Hand auszufüllenden „Parkpickerl" (= Parkschein), die man in einer „Trafik" (Betonung wieder hinten) kaufen konnte, oder vom „Handyparken" hatte ich bis dato nie gehört. Das reinste Parklatein. Und der Schilderwald las sich an manchen Straßenecken in Wien ähnlich umfangreich wie morgens die Zeitung: „Kurzparkzone gebührenpflichtig Parkdauer: 1,5 h Mo – Fr (werkt.) v. 8 – 18 Uhr Sa (werkt.) v. 9 – 12 Uhr". Wobei daneben nicht selten ein weiteres Schild die Parkerlaubnis einschränkte: „Parkverbot Di – Do (werkt.) v. 7 – 8 Uhr u. 15 – 17 Uhr ausgen. 3,5 t u. Fahrzeuge d. Botschaft od. des souveränen Malteser-Ritterordens". Daraus konnte man ganze Geschichten schreiben.

Mit meinem Knöllchen in der Tasche hatte ich jetzt wenigstens genug Ärger im Bauch, um meinen singenden Vermieter am Rennweg anzurufen.

„Jo bittä! Wos ham'S denn erwoartet für Ihre poar Euros?" Er gab mir Aussicht auf ein neues Zimmer im Nebenhaus. „I hätt ja no' a vü scheeneres, des mocht oba 500 Euro mehr!", flötete er, und ich konnte ihn am anderen Ende grinsen hören.

September
Vorsicht, Piefke-Bashing!

„NA? 'S RENNT DO hoit net ois wie bei eich in Deitschland, wos?!" Elfie, meine persönliche Kaffee-Polizei, hieß eigentlich Elfriede und mit Nachnamen Schmite, was man ebenfalls französisch (natürlich!), also hinten, betonte. Und auf keinen Fall etwa wie „Schnitte" aussprach. Genauso wie bei österreichischem „Kaffee", den man zwar auch in Österreich deutsch schreiben durfte, ihn aber als „Café" bestellen musste, als handle es sich keinesfalls um ein deutsches, sondern um ein viel vornehmeres Heißgetränk. Genauso wurde auch das Endungs-„e" in Schmite hinten in die Länge gezogen.

Im Bemühen, den Komfort für sämtliche Erstleser ihres Nachnamens zu steigern, ohne dafür jedes Mal eine Bedienungsanleitung danebenzulegen, hatte Elfie irgendwann für ihr Schmite-„e" einen „Accent aigu" importiert. Aus Schmite wurde Schmité.

Ihr Name klang nun, und das war etwas vielversprechend vielleicht, nach Endlosbeinen und schwindelerregenden Kurven einer französischen Ausdruckstänzerin: Elfie Schmité.

Tatsächlich trug Elfie berufsbedingt weder Bademoden noch Dessous. Gestalt und Gemüt glichen auch eher einem fidelen Hobbit: 1,60 m klein, Anfang sechzig. Was sie selbst gern als 60-90-60 beschrieb. Elfie kam immer mit einem herzlichen Lachen, stets ohne Geld und schon länger ohne Mann aus. „Letzteres wird eh überbewertet!", sagte sie. Elfie konnte vielleicht ihren Namen nicht tanzen, dafür besaß sie einen unwiderstehlichen Humor und einen intensiven Sinn fürs Überleben. Natürlich auch fürs Ausleben eigener Marotten.

So kaufte sie grundsätzlich kein Ticket für die Öffis (so heißen in Wien die öffentlichen Verkehrsmittel wie Bus und U-Bahn), weil Elfie sozial- wie umweltpolitisch der Auffassung war, Öffis müsste man kostenlos fahren dürfen. Elfie, die unerbittliche Kaffee-Polizei, hielt sich in freier Wildbahn, außerhalb von Kaffeehäusern also, keinesfalls an die Regeln. Allerdings verlangte sie von jedem, der sie begleitete, also auch von mir, es ihr gleichzutun. In meinen ersten Wochen in Wien als Schwarzfahrer erwischt und gleich aktenkundig zu werden war ungefähr die Art von Abenteuer, die ich mir in einer neuen Stadt vorstellte.

„Heute Abend gehst' mit aufs Volksstimmefestl im Prater!" Ohne Beförderungsgebühr, versteht sich, Elfie hatte entschieden. Mein zaghafter Einwand, dass das U-Bahn-Ticket in Wien günstiger als in manch deutscher Studentenmetropole sei, überhörte sie einfach, als sie mich durch die Absperrung zog. Als wir beim Aussteigen prompt drei Herren in Uniform begegneten, wollte ich gerade „Na, bravo!" denken, als Elfie das auch schon aussprach und um den Plan ergänzte: „Jetzt kummt's drauf a'!" Wenig später schubste sie mich an den mit Kontrolle beschäftigten Kontrolleuren vorbei, raus ins Freie. „Timing is do ois in Wien!", freute sie sich.

Als Krönung landete ich an diesem Abend in den Armen der Kommunistischen Partei Österreichs. Als Elfie von einem Fest im Prater sprach, hatte ich Trottel natürlich nur an den berühmten Wurstlprater und ans weltbekannte Riesenrad gedacht. Und bei „Volksstimme" an eine stinknormale Stadtzeitung. Der Prater aber war nicht nur ein Vergnügungspark, sondern ein riesiger Stadtgarten. Sechs Quadratkilometer. Doppelt so groß wie der Central Park in

New York. Ein Ort Wiener Glückseligkeit, die abseits des Wurstlpraters sehr gut ohne jede Schießbudensensationen auskam. Die „Volksstimme" war auch keine allgemeine Stadtzeitung, sondern das Propaganda-Organ der KPÖ, der Kommunistischen Partei Österreichs. Das musste nun ausgerechnet mir als Ossi passieren. Da wohnte ich in der fürstlichsten Stadt des ganzen Kontinents und landete auf einer Kommunistenparty.

„Wo sind wir hier?", fragte ich Elfie schmunzelnd. „Wusste gar nicht, dass du die Welt retten willst!"

„Entsponn di!", grinste Elfie zurück. Sie hatte diesmal vielleicht keinen politischen, wenngleich sehr wohl einen haushaltspolitischen Grund für die Teilnahme: „I hob nix im Eiskasten für uns zwaa, und do gibt's jo eh wos."

Ein Kommunistenfest auf der Jesuitenwiese im Prater, stellte ich erfreut fest. Auf seine Neutralität legte Österreich ja stets, auch schon zu Kalten-Kriegs-Zeiten, großen Wert, und das stand sogar in der Verfassung. Bloß kein kapitalistisches, aber auch ja kein sozialistisches Land sein zu wollen. Nach allen Seiten offen sozusagen. In Österreich regierte wie selbstverständlich mit beinahe naturwissenschaftlicher Gesetzmäßigkeit, woran wir Deutschen kauten wie an einem zähen Beuschel: eine große Koalition aus Rot und Schwarz, aus SPÖ und ÖVP, Sozialdemokraten und Volkspartei.

„Österreichs Neutralismus kam mir allerdings schon immer vor wie ein Sich-nicht-festlegen-Wollen!" Der freundliche, lächelnde Mann, der das sagte, sprach mir aus dem Herzen, passte aber selbst ganz und gar nicht vor das Soli-Dorf für bedrohte Völker, vor dem er gerade stand. Vor allem aber passte sein deutscher Dialekt nicht nach Wien. Ich schätzte ihn auf Anfang fünfzig.

„Hallo, ich bin Jens Richter, Sie sind aber auch nicht aus der Gegend, oder?"

„Naa, is sie net! Grod a'kumma!", antwortete Elfie für mich. Dieser Jens Richter und ich gehörten so wenig nach Wien wie Kommunismus auf eine Jesuitenwiese. Ich hatte sofort das Gefühl, dass ich ihn irgendwann wiedersehen würde.

„Früher, in den 68ern, habe ich in Mannheim die Weltrevolution mitgeplant. Links war meine Welt. Wie die Zeiten sich ändern!", wunderte sich Herr Richter. Die kommunistischen Botschaften im Prater wurden ebenfalls in recht homöopathischen Dosen verteilt. Vor allem war das Soli-Dorf für bedrohte Völker nicht weit vom Spanferkelstand, stellte ich grinsend fest. Na also! In Wien war selbst ein Kommunistenfest das was es ist: in erster Linie mal ein Festl. Und Feste soll man ja bekanntlich feiern, wie sie fallen. „Hummer und Sichel", damit konnte sogar ich etwas anfangen.

„Naa, da muasst' di leida alaanig hinbegeben, meine Liebe." Die jedem Österreicher angeborene neutralisierende Ausgeglichenheit musste mir Elfie wenige Tage später allerdings verweigern. Dabei ging es nur darum, mit mir auf Wohnungstour zu gehen. Diesmal jedoch auf der Mariahilfer Straße.

„Naa, i werd do kaan' aanzigen Fuaß in diesen unsel'gen Sumpf der Volksverdummung setzn. Diese Stroßn is für mi gstrichn!" Elfie sagte: „diese Straße", als nähme sie noch nicht mal gern den Namen in den Mund. Quasi so, als sei für sie die Mariahilfer Straße gar nicht erst vorhanden. Sie würde diese Straße auch nicht mal nur zum Überqueren betreten. Basta! Und tatsächlich, Höhe Lindengasse machte Elfie kehrt, als hätten wir soeben gerade das Schild „Letzte Abfahrt für Bürger der DDR" passiert und damit fahrlässig die verbotene Grenze zum Westen erreicht. Ohne Passierschein, versteht sich. Ohne Fahrschein ja sowieso. Elfies bevorzugter Fluchtort war, wie konnte es anders sein, das nächstgelegene Café. Erfreulicherweise ist das immer und egal, wo man sich in dieser Stadt gerade aufhält, kaum mehr als zehn Meter entfernt. Wenn man in Wien ein Kaffeehaus braucht, ist ganz sicher eins zur Hand.

„Wie machst du das, ohne die Mariahilfer zu betreten?" Bei einer artgerecht bestellten Melange malte ich mit dem Finger einen ziemlichen großen Kreis auf meinen Stadtplan, ehrlich überrascht über so viel Konsequenz. „Gehst du immer außen rum? Ist ein ziemlicher Umweg, wenn man vom 7. Bezirk in den 5. oder in den 6. will und die Mariahilfer Straße auslässt!" Elfie schüttelte den Kopf und setzte ihre demonstrative Kapitalismuskritik-Miene auf. „Des is a verseuchts Pfloster, des betret' i net amol für di!"

Die Mariahilfer Straße – „MaHü" sagen die Wiener auch, da sie Marias Hilfe gern als „Hülfe" aussprechen – ist Wiens größte und angeblich auch Europas längste Einkaufsstraße. Zu Zeiten der Donaumonarchie schon legte Kaiser Franz Joseph seinen Weg von der kaiserlichen Sommerresidenz oben in Schönbrunn zu seinem Büro unten in der Hofburg regelmäßig über die Mariahilfer Straße zurück.

Zwar geht heute ganz sicher kein Wiener oberhalb des Westbahnhofs im 15. Bezirk mal eben gepflegt „shoppen". Aber die MaHü verläuft nun mal dorthin. Damit ist sie eine stolze, 1,8 Kilometer lange Einkaufsstraße und keine andere ist länger in Europa. Dazu muss man wissen: Wiener lieben Superlative. Vor allem jene, die auf Österreich anwendbar sind. Man könnte sogar behaupten, wie eine Herz-Lungen-Maschine halten Superlative die Wiener bei Laune. Das hat damit zu tun, dass rings um ihre zwar große und imposante Hauptstadt das Land seit 1918 jedoch immer winziger geworden ist. „Österreich legte sich als Riese nieder und erwachte als Zwerg", war in der „Gebrauchsanweisung Österreich" zu lesen. Zumindest empfinden die Wiener wohl so, als wären sie am Niedergang ihres Landes nicht so recht beteiligt gewesen.

Merke: Im nur noch schnitzelgroßen Österreich – der „Versuchsstation des Weltuntergangs", wie Karl Kraus es einst formulierte – geben Superlative den Wienern wenigstens das Gefühl von Bedeutung und Größe zurück. In ihren Augen ist ihre MaHü schon deshalb „Europas Längste". Damit brüsten sie sich. Alle, außer Elfie, wie ich jetzt wusste.

In meinen Augen handelte es sich um eine stinknormale Einkaufsstraße mit den üblichen Läden, die mit ihren Logos auch deutsche Innenstädte tapezierten. Kosmetikläden hießen hier „Marionnaud", Konditoreien „Aida", Banken „Austria" und Aldi „Hofer" – mehr Unterschied konnte ich auf den ersten Blick beim besten Willen nicht erkennen. Zur grassierenden „Made in China"-Invasion aber existierten auf der MaHü wohltuende Alternativen. Zum Beispiel „Walter Weiss'" Fachgeschäft. Der holzgetäfelte Laden mit der goldenen Schrift überm Schaufenster war wie ein Versprechen: Was man hier kauft, würde ein Leben lang halten! Im Schaufenster, gleich neben der Auslage unzähliger Kämme, Pinsel und Bürsten stand auf einem Schild wie im Poesiealbum: „Tägliche Pflege mit Stil". Läden wie dieser wirkten inmitten der Mariahilfer Straße wie ein kleines Wunder. Und mussten selbst unter den strengen Augen Elfies als Widerstandskämpfer gegen die Volkskrankheit Kaufrausch und Kinderarbeit taugen. Für Geschäfte wie dieses mochte ich die Mariahilfer Straße. Aber ich hatte ja auch nicht, wie Elfie, Konsum und Endverbrauchern den Kampf angesagt. Ihre Standhaftigkeit imponierte mir, aber ich brauchte dringend ein Zuhause. Also versuchte ich es mit Humor und appellierte an Österreichs Neutralitätsgebot!

„Hatte nicht euer Victor Adler, der erste österreichische

Sozialdemokrat, einen Sozialismus ganz ohne Karl Marx erfunden? Hatte der nicht von ‚K. u. K.‘ – ein bisschen Kaiser und ein bisschen Kommunismus gesprochen? Vielleicht könnten wir beide heute daraus ein bisschen Konsum und ein bisschen Kommunismus machen?" Elfie machte jetzt ein Gesicht, als hätten gerade Rosa Luxemburg und Karl Liebknecht persönlich die Rechnung an unseren Tisch gebracht.

Ich musste sie später Ecke Schottenfeldgasse in einem Café auslösen. Und ich muss wohl nicht erst betonen, wie verdammt froh ich war, dass mir die Wohnung auf der Ma-Hü zu allem Überfluss nicht auch noch gefiel.

Ich war inzwischen beinahe täglich auf Wohnungstour. Je nach Lage mal mit und mal ohne Elfie. Mein Wiener Grinsetenor am Rennweg nämlich rieb sich jeden Morgen schon aufs Neue die Hände.

„Grüß Gott, Froillein! Na, müssma wohl verlängern, wos?" Irgendwie schaffte er es, mich Tag für Tag auf dem Weg zur Arbeit in den paar Sekunden im Hausflur abzupassen. Nicht zuletzt seine tschechischen Maurer, die hinter ihm schon die nächste Ladung Steine in den Hof schleppten, sagten mir: Auf den letzten Drücker würde das Apartment bestimmt deutlich im Preis steigen. Also hatte ich wohl oder übel gleich einen Monat auf dem Balkan drangehängt. Doch auch der würde bald schon wieder um sein, und noch immer war keine akzeptable Bleibe in Sicht. Auf meiner Odyssee durch sämtliche Wiener Gemeindebezirke wurde mir bislang nur jede Menge Unbewohnbares oder Baustellenfeeling angeboten. Eine „Dritte-Mann"-Tour nicht durch die Kanalisation, wohl aber durch die Abgründe Wiens – sozusagen oberirdisch zum Gruseln.

So besaß die Altbauwohnung im 1. Bezirk, gegenüber der

Albertina, zum Beispiel die ungeahnte „Attraktion einer begehbaren Duschkabine", wie die Maklerin im kurzen Röckchen frohlockte. Ungelogen war die für ein Sechs-Personen-Happening geeignet (die Dusche, nicht die Maklerin). In rotem Plastik dazu, das allerdings schon die Siebzigerjahre gekannt haben musste und dem Grauschleier zufolge auch seither in Benutzung schien.

In dem fensterlos-dunklen Badezimmertempel kam man sich vor wie auf der Kommandobrücke der Enterprise. Verschwenderische, für unser Badezimmerzeitalter galaktische zwanzig Quadratmeter groß, in der Mitte die rote „Beam me up, Scotty!"-Kabinendusche mit unzähligen Knöpfen und Düsen. Angesichts des unappetitlichen Gesamteindrucks konnte ich mir allerdings nicht vorstellen, dass man darin wirklich nur nass werden würde. Die hatte ganze Bakteriengalaxien angesetzt, so viel war sicher. Was mich zu der Frage veranlasste, von wem und wie vielen und vor allem wonach hier wohl geduscht worden war. Das Ganze hatte den aufdringlichen Kuschelcharme eines Stundenhotels. Wahrscheinlich eins mit „Happy Shower Hour", grinste ich in mich hinein.

„Hätten'S Interesse?", zwitscherte die Maklerin, die meine heitere Miene gerade komplett fehldeutete. Denn natürlich war ich keinesfalls daran interessiert, hier zu wohnen. Diese gealterte Bade-Oase mutete an wie ein Bordell mit Orangenhaut und schlaffem Busen, und ich würde mich ganz sicher nicht als Puffmutter eignen, nicht mal in der Nähe der altehrwürdigen Albertina. Die in der Miete inkludierten Krater im Wohnzimmerparkett hatte ich da noch gar nicht ausreichend gewürdigt und mir auch keinen Reim auf den herabfallenden Putz im Schlafzimmer machen können.

Die stilvoll gekleidete „Mein Mann ist Unternehmer und ich makle nebenbei"-Blondine schritt zügig voran und umschiffte dabei mit den Absätzen ihrer Pumps ungeheuer geschickt die Schlaglöcher im ehemals sehr hübschen Fischgrätenparkett. Dazu ihr angewinkeltes Handgelenk, das an ihrem Gucci-Taschen-Ärmchen baumelte, als wollte es den Dreck von den Wänden wedeln.

„Da müsste man vielleicht noch mal kurz Hand anlegen und a bissl ausmalen." Ja richtig, in Wien streicht man keine Wohnung, man „malt aus". Dadurch bekam jedes Renovieren literarischen Liebreiz, wie ich fand. Aber hier würde das Ganze gewiss in Arbeit ausarten.

„Nein, danke!", sagte ich, und der Maklerin schien die Besichtigung nicht mal besonders peinlich zu sein. Zumindest verzog sie keine Miene. Kann durchaus sein, dass für diesen Ausdruck an Professionalität letztlich nur ihr stramm geratenes Facelift sorgte. Jede kleinste Regung ihres Gesichts jedenfalls schien die Eingabe eines sechsstelligen Passwortes zu benötigen.

Makler in Wien waren vorzugsweise weiblich und hinterließen häufiger einen, sagen wir, leicht überpflegten Eindruck. Meistens Ehefrauen mit eigenem Business, die ihren Sinn allerdings weniger in weiblicher Selbstverwirklichung suchten als vielmehr im geschlechtsneutralen Geldvermehren. Das eigene Geschäft sollte dabei bitte nicht in Arbeit ausarten. Und das bedeutete vor allem, dass ein Kunde wie ich schon bereit sein musste, die Wohnungssuche selbst in die Hand zu nehmen. Wofür gibt es Internet? Bitte auch keine lästigen Fragen beim Termin. Das wies doch nur peinlich darauf hin, wie schlecht man sich als Kunde auf die Besichtigung vorbereitet hatte!

Selbst wenn dann am Ende nur noch das profane Aufschließen der Wohnungstür übrig blieb – natürlich war die komplette Provision fällig. Und das hieß in Wien: zwei Gesamtmieten, die aber inklusive Betriebskosten und Nebenkosten! Plus zwanzig Prozent Umsatzsteuer obendrauf. In Wien fängt eben der Balkan an. Und was das betrifft, ganz bestimmt nicht erst am Rennweg!

Ab Woche 4 überkam mich das Gefühl der Notwendigkeit, mich auch in anderen Bereichen – und damit über die korrekte Bestellung einer Melange hinaus – auf die hiesige Mehrheitsbevölkerung einzulassen. Mit versuchsweise österreichischer Zurückhaltung hatte ich deshalb auch davon abgesehen, wegen der Wohnung im Margaretenhof ständig nachzuhaken. Jetzt bloß nicht deutsch drängeln und es auf den letzten Metern noch versauen, schwor ich mir.

„Akzeptanz durch Penetranz" lautete bislang meine streng exerzierte Devise. Damit hatte ich es auch meist recht weit gebracht. Okay, vielleicht nicht bei Max. Mein Sänger wollte partout nicht mit nach Wien. Es hatte mir bislang auch nichts ausgemacht, mein Leben nach seinem Spielplan auszurichten. Aber dieser 25-Hour-Service war mit dem neuen Job nun nicht länger verfügbar. Bei all den Wochenendbereitschaften konnte ich Wien nicht mal allzu oft verlassen. Andererseits war Max' Abneigung, zu reisen, der Zweisamkeit auch nicht gerade förderlich. Flugzeug war überhaupt nur im besonderen Notfall möglich. Und dieser Notfall war schon für den Anruf der MET in New York reserviert. Wenn wir Wien als Paar überleben wollten, dann half da nur ein besonderer Reise-Anreiz für Max: ein tolles Zuhause in Wien. Und die neue Wohnung würde ihn einfach umhauen. Das wusste ich.

Der Margaretenhof war ein Zufallsfund. Ich hatte mich verfahren. Wie so oft in den ersten Wochen. Dabei hat Wien eine praktische, man möchte fast sagen: deutsche Bessergeht's-nicht-Stadtstruktur: Stephansdom in der Mitte, ringsherum die einstelligen Bezirke, dahinter die zweistelligen.

„Merk dir die Bezirksnummern. Die san wichtig", hämmerte mir Elfie ein. „Der 5. Bezirk heißt zwar Margareten, darum schert sich do aber niemand!" In Wien hieß es einfach „im Fünften". Sogar die Postleitzahlen stimmten überein: 1050 für den 5., 1070 für den 7. Bezirk usw. Mal ehrlich, dachte ich begeistert, wo bitte außer vielleicht in HaNeu (Halle-Neustadt) haben wir Deutschen das so hübsch hingekriegt?

Im Einbahnchaos allerdings wurde ich die Orientierung auch gern mal wieder los. In Wien gibt's aber einen großen Vorteil beim Verfahren: Fast jedes Haustürschild verrät nämlich auch den Bezirk. Und an so einem Haustürschild blieb mein richtungssuchender Blick gerade hängen: „5. Margaretenplatz 4." Ich war also im 5. Bezirk, am Margaretenplatz Nummer 4 gestrandet. Eigentlich wollte ich ja zum Naschmarkt, der nicht mehr weit sein konnte, aber den vergaß ich prompt. Wie beim Einkaufen, wenn man statt des dringend benötigten Wintermantels mit der viel schickeren Hose nach Hause kommt, stand ich jetzt vor dem Margaretenhof. Denn das hier war nicht einfach ein Gebäude, das war ein Schloss, und dahinter: romantische Herrenhäuser mit spitzen Türmchen, Schnörkelstuck und Loggien aus hellbraunem Holz. Ich parkte gegenüber und stieg fasziniert aus dem Auto. Das Ganze wirkte so, als wäre es dem Architekten am falschen Ort vom Reißbrett gefallen. Denn gemessen an barocken Wiener Zuckerbäcker-Verhältnissen war die Gegend im Fünften alles andere als prunkvoll. Der 5. Bezirk war mal ein richtiger Arbeiterbezirk. Inzwischen gab's zwar auch hier längst Besserverdiener, die mit ihren Penthouse-Wohnungen dicke taten und mit breit bereiften SUV inklusive Bordtoilette die Parkplätze verstopften. An manchen Ecken im Fünften aber konnten sich Normalverdiener die Mieten noch leisten. Und das sah man eben.

Der leicht angeschmuddelte Fünfer-Charme brachte den Margaretenhof nur noch mehr zum Leuchten. Neben dem riesigen Hauptgebäude fiel mir hinter dem schweren schwarzen schmiedeeisernen Tor zuerst die kleine verträumte Allee auf.

„Das sieht hier aus wie aus einer anderen Zeit", schwärmte ich meiner Mutter vor, die gerade per Handy nach dem Rechten sehen wollte. „Nein, ich habe noch keine Wohnung, aber das hier, das wäre schön! Stell dir vor, eine Straße mit alten Pflastersteinen, von großen Bäumen gesäumt und von alten Laternen, wie zur Jahrhundertwende. Du, ich glaub, ich muss mich da mal umsehen!"

Hinter der Allee mit groß gewachsenen Linden versteckten sich prächtige viergeschossige Altbauten in Beige und Weiß. Eine Mischung aus alten Zins- und viktorianischen Häusern. Jedes davon wartete in vollem Aufputz, mit eigenem kleinen Vorgarten und mit eigenem eisernen Portal auf. Und eines wartete auf mich!

Die Initialen „A. L." waren in den Gebäudestuck eingraviert. Baronin Amalia Lipthay, eine geborene Wienerin und durch die Heirat mit einem ungarischen Baron stinkreich dazu, hatte den Margaretenhof bei zwei Theaterbauern als Wohnhaus in Auftrag gegeben. Im Jahr 1884 – da war Kaiserin Sissi also gerade Ende vierzig. Die beiden Theaterarchitekten und die Baronin müssen beim Bau schon die Sissi-Filmtrilogie oder mindestens den sentimentalen Plot sämtlicher Rosamunde-Pilcher-Schnulzen im Sinn gehabt haben. Der Hof war eine kitschige Filmkulisse.

Wegen des Spätsommers hatten die Lindenblätter bereits die Farbe gewechselt. Mithilfe der Sonnenstrahlen tauchten sie das graue Pflaster gerade in Grünorangebunt. Der Margaretenhof glitzerte wie ein Juwel. Ich hatte noch nie zuvor einen Ort gesehen, wo ich lieber wohnen wollte. Danke,

Amalia! Meine alte DDR-Seele verschluckte sich zwar etwas an dem feudalen Ambiente. Aber gleich um die Ecke waren Sozialdemokrat Bruno Kreisky und Schauspieler Hans Moser geboren. Und im Rüdigerhof sollen einst Trotzki und Stalin gegessen haben. Die vier kamen mir als Einzugs-Alibi gerade wie gerufen. Und mit dieser Entscheidung fühlte ich mich schon sehr österreichisch.

Trotz fortschreitender Verzückung – es gab eine einzige freie Wohnung, und die hatte natürlich ihren Preis. Aber dank Wiener Mietpreisbindung für Altbauten war sie gerade noch bezahlbar. Mit hundert Quadratmetern allerdings bot sie auch viel Platz, ein bisschen zu viel sogar. Aber mit Flügeltüren, Stuck und den hohen Wänden hatte sie genau den gediegenen Charme, den ich mir für Wien wünschte. Weiß gekalkte Räume, die per Flügeltür miteinander verbunden waren – geöffnet wie ein kleiner Ballsaal. Ich wusste zwar nicht, was wir da reinstellen sollten, aber das hatte was! Vor den Fenstern tanzte das Licht durch orangebunte Blätter und sorgte drinnen für noch mehr Pracht. Zu groß, zu teuer. Die nehme ich! Eh klar!

Damit das mit dem Mietvertrag auch ja geritzt war, sammelte ich noch am selben Tag für den Makler – der zu meiner Überraschung und zur Abwechslung nicht nur ein Mann, sondern auch noch ein Österreicher aus Pakistan war und kaum Deutsch sprach – sämtliche meine finanzielle Potenz nachweisenden Papiere zusammen. Kontoauszüge, Verdienstbescheinigung, Bürgschaft meines Arbeitgebers, Passkopie. Ich hätte für die Wohnung auch meine bisherigen Konfektionsgröße(n), sexuellen Vorlieben und meinen Speiseplan der letzten fünf Jahre offengelegt. Sogar die Sammlung meiner DDR-Pionierabzeichen und FDJ-Ausweise hätte ich dazugelegt, wenn ich nur gewusst hätte, dass meine Ostherkunft helfen würde in Österreich. Ich wusste es aber nicht – und mein Paki-Ösi aus Islamabad, obwohl schon recht lange wohnhaft in Wien, schon mal gar nicht. Dessen Unwissenheit war jedoch nicht nur aufgrund seiner Sprachdefizite, sondern bei mir vor allem aufgrund seiner herzbewegenden Lebensgeschichte entschuldigt. Nach einer kurzen, aber gescheiterten Ehe mit einer Wienerin war Majid mit Mitte vierzig in Wien gestrandet und des besseren Klimas wegen, wie er fand, einfach hiergeblieben. Majid betonte so wunderbar falsch, wie man es von indischen Bollywood-Schnulzen kannte. Er rollte das „r" in „Marrrgarrretenhof" gleich mehrmals und sang dazu die einzelnen Silben. Rauf und runter. Das Ganze klang, als würde er eine heiße Kartoffel im Mund hin und her jonglieren.

„Sag noch einmal ,Apfelstrudel'!" Majid musste nur „Sackerl" oder „Paradeiser" sagen, und ich habe langgelegen vor Lachen. Es klang unwiderstehlich. Bislang eindeutig der sympathischste unter den waschechten Wienern. Mit Majid traute ich mich sogar raus aus der Stadt, um oben in den Weinbergen von Klosterneuburg beim Heurigen den Blick auf Wien und die letzte Wärme einzuheimsen, die der Himmel über der Stadt Ende September noch übrighatte. Das Ganze versüßt mit jeder Menge Marillenknödel und Apfelstrudel, in medizinisch durchaus schon fragwürdigen Ladungen, aber dennoch: grrroßarrrtick!

Donnerstag war Besichtigung, am Wochenende die obligatorisch-orientalische Knödeltour mit Majid. Erst am Dienstag rief ich beim pakistanischen Makler an. Irgendwas stimmte nicht. Majid druckste herum. „Tut mirrr lad. Aberrr Wohnung schon weg." Er könne sich das auch nicht erklären, sagte Majid, aber die Wohnung im Margaretenhof sei bereits an jemand anderem vermietet worden. Ein recht ungestümer Vortrag meinerseits zum möglichen Versagen seinerseits ließ ihn schließlich mit der Wahrheit rausrücken.

„Ick nich wissen, aber haben das Gepfuhl, geben dirrr nickt, weil du deutsch!" Ich verstand sofort. Die österreichische Hausverwaltung wollte mir, weil ich Deutsche war, die Wohnung nicht vermieten! Das kam offensichtlich häufiger vor in Wien. Ich hatte Wohnungsinserate für Studenten-WG-Zimmer gelesen, die ausdrücklich „Nicht an Deutsche abzugeben!" waren. Jetzt war es also auch bei mir so weit: Piefke-Bashing!

Von dieser Wohnung aber hing inzwischen mein Leben ab. Eine Absage war ausgeschlossen. Die Zimmer hatte ich im Geiste bereits eingerichtet. Ich wollte endlich ankommen und auf keinen Fall diesem gierigen Opernschlund noch weitere „Euros" in den Rachen schieben, und das auch noch für weitere vier Wochen in der hässlichsten Ecke Wiens. Um Fassung ringend, verlangte ich von Majid auf der Stelle Namen und Telefonnummer des Hausverwalters im Marrrgarrretenhof, dem ich diese Demütigung zu verdanken hatte.

„Äh, das geht nickt!" Majid eierte jetzt noch mehr herum, als ihm das sein Akzent ohnehin aufbürdete. Er tat, als verlangte ich von ihm keine simple Telefonnummer von einem Wiener Hausverwalter, sondern, das Versteck für die iranische Atombombenproduktion preiszugeben. Okay, Diskretion wird sehr groß geschrieben in Österreich, und das nicht nur beim Bankgeheimnis. Majid wusste, er würde Ärger kriegen, aber er gab sie mir schließlich, denn er lernte: Deutsche können sehr böse werden. Außerdem hatte er mich gern.

„Wie schön wäre Wien ohne Wiener", die Liedzeile von Georg Kreisler kam mir in den Sinn, als ich zum Telefon griff. Wird sich sicher etwas dabei gedacht haben, der Kreisler. Vor dem Telefonat mit der Hausverwaltung fühlte ich mich wie Gottfried Piefke höchstpersönlich – Piefke, der deutsche Militärmusiker, dem die Deutschen ihren Spitznamen bei den

Österreichern zu verdanken haben. Weil die Ösis dem Piefke nie verziehen haben, dass er 1866 das Preußenheer nach errungenem Sieg über Österreich marschmusizierend Richtung Wien gelotst hat. Im Unterschied zu den Preußen und Piefke damals stand ich zwar noch vor der Schlacht. Aber das wollten wir doch mal sehen!

Als jemand abhob am anderen Ende, sagte ich weder „Guten Tag" noch „Hallo" und erwähnte auch meinen (deutschen) Namen nicht, sondern rief im Gehen, obwohl ich in meiner Verzweiflung nicht mal wusste, wohin, in den Hörer: „Sie wollen also einer Deutschen keine Wohnung vermieten!" In unserem Fernsehbüro ruhte ab sofort die Arbeit. Ganz so, als wäre in einem Kaffeehaus plötzlich kein Tellergeklapper und Gästegeplapper mehr zu hören. Genauso fiel meinen österreichischen Kollegen jetzt der Stift aus der Hand, als die Neue (also ich) mit dem Telefon am Ohr durch das Studio fegte.

Der Hausverwalter wusste offensichtlich sofort, wer ich war und worum es ging. Es folgte zunächst der lächerliche Versuch einer sehr österreichischen Erklärungsvariante: Ich wäre ja nur vorübergehend in Wien, man sei an einer längerfristigen Vermietung interessiert. Das war natürlich eine schamlose Ausrede und auch völlig untauglich, mein gerade aufkeimendes Redebedürfnis über Deutschenhass in Österreich auch nur ansatzweise zu drosseln.

Was hatte denn nun dieser Wiener wieder gegen uns Deutsche, fragte ich mich. Welche entfernt verwandte Ruhrpott-Omma aus Wanne-Eickel hatte seine Palatschinken denn versehentlich als Eierkuchen beschimpft? Oder war am Ende seine Ehefrau vielleicht mit einem Sachsen durchgebrannt? Wofür nur wollten die sich alle an den Deutschen rächen? Und warum alle an mir?

„Sie sollten bedenken ...", sagte ich und mir fielen die

Löcher im Parkett in der Albertina-Wohnung wieder ein, „...ich mache im Wohnzimmer wenigstens keine Lagerfeuer, und Sie kriegen Ihre Miete immerhin pünktlich. Deutschsein hat nämlich durchaus auch Vorteile, wussten Sie das?" Um meinem Duell mit dem Hausverwalter besser folgen zu können, stellten meine österreichischen Kollegen im Büro jetzt auch den laufenden Fernseher aus.

Der Satz mit dem Deutschsein – hatte ich das gerade wirklich so gesagt? Klar war ich Deutsche, aber ich hatte mich in meinem ganzen Leben noch nie deutsch gefühlt. Na prima, dachte ich. Auch das noch! Und das als Ossi! Nirgendwo auf der Welt war mir das passiert, ausgerechnet in Österreich. „Hier wird man sogar, ohne dass man es will, zur Deutschen." Meine Kollegen starrten mich jetzt mit hochgezogenen Augenbrauen an. Ich versuchte die Kurve am Telefon: „Wer wissen will, wie sich Vorurteile gegen Ausländer anfühlen, der muss also bloß mal als Deutsche nach Österreich auswandern!" Hatte ich irgendwo gelesen, aber das saß offensichtlich. Anerkennende Blicke aus dem Redaktionssekretariat. Keine Ahnung, welche aufgelesenen Zitate ich noch so in den Hörer abfeuerte und was am Ende den armen Hausverwalter mehr bekehrte: meine preußische Präpotenz, wie sie hier gern sagen, oder seine Angst, dieses Telefonat würde nie enden. Vielleicht war es auch bloßes Mitleid. Meine anfangs wortgewaltige Stimme schaukelte sich bereits bedrohlich zu einem unpässlichen Tränentremolo auf.

„Jetzt beruhigen'S sich mal wieda ...", unterbrach mich der Hausverwalter, „'S wird ja demnächst eh a Wohnung frei!" Ich traute meinen Ohren nicht. „Was? Wie jetzt?" Eben noch der Diskriminierung überführt, versprach mir der Deutschen-Demütiger gerade eine Wohnung! Hatte ich den Einheimischen auch wirklich richtig verstanden?

„Jo, die is zwoar a bissl klaaner, aber wenn'S die wolln, bitte sehr! Dann kriegn'S halt die!" Eine im Margaretenhof dazu! Ich konnte es kaum glauben.

Und wie es sich rausstellte, war es auch nicht bloß irgendeine Wohnung. Dieser Hausverwalter überließ mir auch noch glatt seine Wohnung.

„Oba friastens in drei Wochn! Bittä! I muass ja schliaßlich a erst no übasiedln."

Oktober
No Austrians, please!

EINE WOHNUNG HATTE ICH. Aber irgendwas musste passieren, sonst würde ich die bald nicht mehr brauchen. Überall in Wien klebten „Hier muss ich leider draußen bleiben"-Pickerl für uns Deutsche, als hätten wir Fußpilz im Gesicht. Ein hilfloses Gefühl, das ich kannte, für das ich aber kein Wort fand. Zuletzt in den Neunzigern, als man mich im Westen verblüfft fragte, wie man als Ossi denn so schnell Hochdeutsch lernt und ob ich nicht doch lieber wieder Sächsisch reden wollte (wie ja schließlich alle DDR-Bürger).

Mit selbst verordneter österreichischer Liebenswürdigkeit zwängte ich in Wien meinen Unterkiefer in Woche neun in ein perforiertes Lächeln, wann immer ich das Haus verließ. Mit einer pawlowschen Charmeattacke grüßte ich in 1050 jeden artig. Ab der zweiten Begegnung sogar dienstwillig mit Blickkontakt. In Wien schien das aber niemanden zu interessieren. Nicht mal die Kassiererin im Billa. Obwohl ich inzwischen schon häufiger bei ihr im Laden eingekauft hatte und sie selbst aus Kroatien war, wie sich rausstellte. Nicht mal die Zugereisten halten hier zusammen, dachte ich. Deprimierender geht's doch nun wirklich nicht.

In Berlin oder am Rhein war es mir bislang vollkommen wurscht, ob mir die Bäckersfrau oder der Busfahrer freundlich „Guten Morgen" wünschten oder gar nicht. Als Deutsche in Wien aber entwickelte man von ganz allein bizarre Bedürfnisse.

Als ich gedankenversunken im Billa mal wieder eine „Tüte" statt eines „Sackerls" verlangte, da schien mich die hagere Blonde an der Kassa dann allerdings doch zu beachten. „Wos wollen'S?" Die Antwort auf ihre eigene Frage rief sie triumphierend der Schlange hinter mir zu: „Ach-a-Sack-erl-wol-len'S!" Sie formulierte dabei jede Silbe einzeln aus und redete mit mir so laut, wie man mit Ausländern gern spricht. Die verstehen ja auch nur deshalb nichts, weil sie vor allem schlecht hören. Der stille Beifall der Schlange an der Kassa war Miss Kroatien sicher. Und ich dachte nur: Nach der Kaffee-Polizei nun auch noch Tüten-Aufsicht!

„Bitte, i hätt gern a S-a-c-k-e-r-l!" Ich übte zu Hause vorm Badezimmerspiegel. Aber es half nichts, bei mir klang alles nach Holzhacken. Mit meinem ausgeprägten „deutschen Dialekt", wie die Ösis uns gerne phonetisch einsortieren, wollte mir „Sackerl" einfach nicht über die Lippen. Genauso wenig wie „Auf Wiedersehen!". Dieses leichte, aber keinesfalls zu scharfe „s" in der Mitte, zu dem man sich vorher jedoch erst galant vom Wortanfang hinüberschwenken muss wie Tarzan an einer Liane. Als würde es „Aafitassehn" heißen! Wie auch immer die Wiener das machten, ich kriegte das nicht hin.

Vor „Sackerl" bangte mir am meisten. Schon deshalb, weil an jeder Straßenecke so ein Plastedackel allen Hundehaltern einschärfte: „Nimm a Sackerl für mein Gackerl!" Es gab sogar eine Gackerlsackerlspender-App für Herrchens Handy. Die Stadt Wien vermeldete allen Ernstes, ihr Gackerlsackerl-Prinzip gegen Hundsträmmerl beim Aussiführen sei ein Mist-Erfolg (= Müll-Erfolg). Was sie dann auch noch in einer Presseaussendung zu der Schlagzeile hinreißen ließ: „Wiener Gackerlsackerl werden reißfester – jetzt auch für echte Männerhände!"

Wien warb zwar mit dem Slogan „Wien ist anders", aber ich hatte immer geglaubt, die Wiener wären so vornehm.

Mein rettendes Ufer lag inzwischen auf der Brücke. Mit dem Pflichtbewusstsein eines ehrenhaften Staatsbürgers auf dem Meldeamt hatte mir Alex die Würstelbox als Wohnadresse angegeben. Und tatsächlich, das war sein Zuhause. Wann immer ich abends vorbeifuhr, stand Alex bei Annie auf der Pilgrambrücke und hielt sich am 16er Blech fest.

„Servas ...!", rief Alex schon von Weitem. „Na, Piefke, hast' di scho a'gmödt zur Nachhilfe?" Ich stutzte. Wozu angemeldet? Ich verstand kein Wort. Ich war seit Tagen vollends mit der neuen Wohnung und dem Umzug meiner Sachen aus Deutschland beschäftigt gewesen und dementsprechend ahnungslos.

„Na, ihr Deitschen sollt do jetzt olle a'n Integrationskurs mochn." Alex grinste und prostete mir zu. „Des hob i do in der Zeitung g'lesn!" Mit der Unterseite seiner Bierdose tippte er auf den Artikel im Kurier. Normalerweise war Alex Experte in Sachen Ösi-Statistiken. Er wusste zum Beispiel, dass jeder dritte Österreicher unter Verdauungsproblemen litt, Salzburger am häufigsten aufs Klo gingen und Wiener die meisten Blähungen hatten. Dass das Burgenland zwar die meisten Fettleibigen, aber auch die wenigsten Selbstmorde verzeichnete. Dass Kärntner zur Depression neigten und die meisten unehelichen Kinder zeugten.

Mit Informationen wie diesen konnte Alex ganze Abende füllen. Mir grauste, denn schon bald würde es wohl zu kalt sein für einen unterhaltsamen Plausch an der Würstelbox.

„Also do steht ...", fasste Alex den Zeitungsartikel zusammen: „Offensichtlich rechnen vüle von eich Deitsche net mit die grantelnden Wiener. Net nur du net!"

Der Magistrat der Stadt Wien inzwischen schon, war im Artikel zu lesen. Mit einem Integrationskurs „Deutsche in Österreich" wollte die MA 17, die Wiener Magistratsabteilung Nr. 17, versuchen, das grassierende Piefke-Problem in Wien endlich in den Griff kriegen. Dazu ließ sich die Stadträtin für Integration eigens ein Migranten-Modul austüfteln, stand da in der Zeitung, extra zugeschnitten auf die eigenartigen Bedürfnisse deutscher Sonderlinge. Das war kein Schmäh?

„Dann ist das also als eine Art Überlebenstraining für Deutsche gedacht?" War das tatsächlich Mitleid oder eher die Angst vor einer deutschen Parallelgesellschaft in Wien? Interessiert las ich den Artikel zu Ende und sagte dann: „Wie heißt es doch: Für Migranten ist der erste Schritt der, raus aus der Isolation."

„Jo …, Dschungelcamp Österreich!", fügte Alex an und präsentierte sein umfangreiches Umfragewissen: „Obwohl statistisch g'sehn die ollermeistn Österreicher si söbst ois friedliebend, sympathisch und gsöllig betrochtn. Nur bei eich Deitschen mochma hoit gern a' Ausnahm, net woar!" Alex grinste breit.

Ausreichende Landeskunde- und Sprachkenntnisse – warum sollte das nicht auch für Deutsche in Österreich gelten? Erwarteten wir von unseren Zuwanderern ja schließlich auch dasselbe, dachte ich. „Österreich für Deutsche" – darüber könnte man sogar eine Geschichte fürs Fernsehen drehen.

Neben all den Fatimas beim „Mama lernt Deutsch"-Kurs war das Dutzend Deutsche auf dem Flur schon von Weitem gut zu erkennen. Vor allem gut zu hören. Man erzählte sich mitleiderregende Einwanderer-Episoden. Vom Deutschen-Groll der Eingeborenen und von ihrer Garstigkeit. Von den fiesen Etiketten für Deutsche wie „Marmeladinger" und „Scheipi" (Scheißpiefke) und den entsetzlichen Demütigungen, mit denen man als Deutscher in Wien sogar bei zugereisten Osteuropäern dritter und vierter Generation zu rechnen hatte. Jeder hier hatte es bereits mit Kaffee-Prüfung und Tüten-Zensur zu tun gehabt.

48

Anonyme Deutsche auf dem Weg zur Heilbehandlung. Dass es auf dem steinigen Weg der Integration nicht reichen würde, fließend „Sackerl" zu sagen oder beim Bäcker statt Brötchen „Semmel" zu verlangen, schien in dieser Selbsthilfegruppe aber jedem klar zu sein. Jedem, außer Karl-Heinz. Er arbeitete in Wien als Referent bei einem Pharmakonzern und kam als Einziger im blauen Nadelstreifenanzug. „Mei' Mitarbeidär glaube allen Ernstes, ich babbel nur deshalb Hochdeutsch mit ihne, weil isch se ei'schüchtern will", sagte er in breitem Hessisch.

„Guten Tag! Schön, dass ihr alle gekommen seid!", tönte es plötzlich in so blitzeblankem Hochdeutsch, dass selbst Niedersachsen noch vor Neid erblassen würden. Der da dozierte, war Jockel Weichert, dialektfreier Schwabe, Ende dreißig, seit 1999 in Wien und Gründer der „Piefke Connection Austria", einer Art Erste-Hilfe-Stammtisch für verzweifelte Deutsche in Wien. Ursprünglich hatte Jockel die Piefke Connection ins Leben gerufen, weil er endlich mal ungestört von österreichischen Zwischenrufen, allein unter Deutschen also, die Fußballweltmeisterschaft genießen und sich nicht für jedes Tor der deutschen Elf beim österreichischen Nachbartisch entschuldigen wollte. Für Österreicher gilt nämlich der Spruch: Im Sport soll stets der Bessere gewinnen, wenn es nur kein Deutscher ist! Und da österreichische Mannschaften bei Fußballmeisterschaften ja nie, oder wenn, dann eben nie lange genug mitspielen dürfen, konzentrierte man sich ersatzweise gern, und noch viel intensiver als auf den Gewinn der eigenen Mannschaft, auf die Niederlage der Deutschen. Kein österreichischer Politiker würde es je wagen, auf die deutsche Mannschaft zu setzen. Man tippt unverdächtig auf Argentinien oder Brasilien – weit genug weg.

Gemeinsam besetzte die Piefke Connection daher ganze

Lokale und vergraulte genügend Österreicher – was einen angenehmeren Spielverlauf ganz unabhängig vom Ergebnis garantierte. Und inzwischen war sie auch außerhalb des Sports ein Klub mit jeder Menge guter Kontakte für den Start in Wien. Wenn auch ausschließlich mit Deutschen. Denn Österreicher hatten allen Ernstes keinen Zutritt!

„Sorry, liebe österreichischen Freundinnen und Freunde!" stand da. „Es werden nur waschechte Deutsche in der Piefke Connection aufgenommen."

No Austrians, please! So weit war es also schon in Wien. Geschundene deutsche Seelen, die sich die Wunden leckten und dabei unter sich bleiben wollten. Man könnte das vorschnell als Migranten-Muffelei abtun, als Deutschtümelei oder gar als ignorante Parallelgesellschaft. Ein Phänomen, das wir selbst bislang nur von Türken in Deutschland, aus Berlin-Neukölln oder Duisburg-Marxloh, kannten. Ich nannte die Treffen der Piefke Connection dagegen liebevoll „Gruppentherapie". Jede Menge gestrandeter Deutscher, die sich einmal im Monat die immer selben grauenvollen Gruselgeschichten in Wien schilderten und ein „Du bist nicht allein!"-Gefühl gaben. Das Bedürfnis allerdings, längerfristig Teil dieses ausschließlich deutschen Klubs zu sein, fand ich dann aber doch fragwürdig. Das Werben um Barmherzigkeit bei der österreichischen Mehrheitsbevölkerung sollte man ja nicht schon deshalb aus den Augen verlieren, dachte ich, nur weil man einmal im Monat Kontakt zu anderen (Deutschen) hat. Da hätte man ja dann auch gleich zu Hause bleiben können.

„Unser Integrationsmodul soll eine Hilfestellung für alle Neuankömmlinge in Wien sein", erklärte Vorzeige-Piefke Jockel. „Und wir wollen mit unserem Kurs dazu beitragen, dass ihr euch hier schneller integriert und wohlfühlt. Wir wollen euch Tipps geben für das Überleben im österreichischen Alltag." Aha, dachte ich bei mir, also doch Dschungel-camp! Na, Hauptsache, es kamen zu kulinarischen Heraus-forderungen wie einer Eitrigen mit Buckel nicht auch noch die Hoden vom Ötzi dazu.

Karl-Heinz war der Erste, der seine Wortmeldung mit dem Finger anzeigte. Sein Interesse war so weltbewegend wie überlebenswichtig und galt dem Geschlecht der Cola: „Wie heißt's denn nu rischtisch: EIN Cola oder EINE Cola? Ich lach misch jedesmol schlapp, aber is eusch schon emol uffgefalle, des die hier gor kaa Deutsch könne?" Betretenes Schweigen. Jemand räusperte sich.

Seiner „Ch-Schwäsche" zufolge stammte Karl-Heinz aus Hessen, aus Wiesbaden, um genau zu sein. Er war einer jener Deutschen, denen man gerne ein Tüte, pardon, ein Sackerl mit Endungen wie „e" und „n" schenken möchte, damit sie Wörter wie „uffgefalle" auch zu Ende artikulieren können und nicht mittendrin abbrechen müssen. Karl-Heinz aber hatte sich schon an der nächsten sprachlichen Unerhörtheit festgebissen: „Des heißt hier jo aach DER Schranke un net DIE Schranke. Oder zur Jeans, da sache se nur ‚Jean' ohne ‚s'. Also wenn das emol net doof klinge dut, oder?" Bevor Karl-Heinz Luft holen konnte, ergänzte Jockel: „Ja, und wenn Österreicher sagen: ‚Hol mal einen Sessel', dann verlangen sie nach einem Stuhl. Das muss man wissen!"

Das stimmte. Ich hatte peinlicherweise gerade der Grand Dame und Schauspielerin Christiane Hörbiger beim Inter-view den Sessel verweigert, um den sie mich sehr nett gebe-ten hatte. „Wollen wir das Interview nicht im Sessel machen?" Aber im Zimmer hatten meines Erachtens nur Stühle ge-standen, keine Sessel. Der Aufwand mit dem Sessel war mir zu groß. Das Interview fand also im Stehen statt.

„Ich habe jahrelang keinen Lungenbraten essen wollen",

machte Jockel weiter, „weil ich nicht wusste, dass die Wiener das Filet so nennen." Jockel kannte sich aus, Integrationslevel I A. Einer wie er wusste, wie der Hase in Österreich „rennt" und dass er hier eben nicht, wie in Deutschland, „läuft". Wann immer es um die Annäherung der beiden „verfreundeten" Völker ging, wie es treffend schon bereits in den Neunzigern formuliert wurde, dann war Vorzeige-Piefke Jockel zur Stelle.

„Versucht mal, ‚Powidltatschkerl' auszuspresche – unmöschlisch!", lästerte Karl-Heinz. „‚Urgiere', ‚sekiere', ‚serviciere', ‚parkiere', ‚verabsentiere', was für komische Wörddär die habbe. Und dann dieser amorphe Soundbrei. Habt ihr emol versucht, ’nem Gespräch zwische zwaa Österreischern längere Zeit zuzuhorsche? Isch krisch nach fünf Minudde Koppschmerze do devon."

Den neben dem Dialekt etwas altbackenen und manchmal umständlichen Sprachstil der Wiener mochte ich dagegen sehr. Da verlangte eine Stellenanzeige vom Bewerber schon mal „Unbescholtenheit" statt wie bei uns: ein eintragsfreies Führungszeugnis. Im Amtsösterreichischen „ersuchte" man auch gern höflich-höfisch, „sich in Evidenz zu halten", statt sich gegenseitig nur „zu unterrichten".

Es gab hier Wörter, die hatte ich noch nie gehört, aber sie leuchteten mir sofort ein: „unpackbar" (= nicht zu fassen) oder Redewendungen wie „Passt scho!" und „Das taugt ma!" oder „Das geht sich nicht aus!". Das ist doch viel charmanter als unser deutsches „Das klappt nicht"! Und die Universalformulierung „Das geht sich aus!" war auch noch gleichermaßen auf Zeit, Platz und Geld anwendbar.

Manches ließ sich im Österreichischen nicht nur treffender, sondern gleichzeitig auch noch viel höflicher formulieren. Zum Beispiel „fadisieren", jemanden langweilen. Eines meiner neuen Lieblingswörter. Wobei ein „Du, des is scho a bissl fad, oder?" schon allein deshalb netter klingt, weil es ja als Frage formuliert wird. Aber Vorsicht! Tatsächlich bedeutet es vernichtend: Das ist absolut langweilig! Geht gar nicht! Nur würde das so deutlich eben kein Österreicher je sagen. Genauso wenig wie einem Wiener über die Lippen kommt: „Was hast du denn für einen Fummel an?" Hier heißt das: „Gnä' Frau, ich bewundere Ihren Schneider!"

Wie jeder Wien-Neuzugang hatte natürlich auch ich hin und wieder Schwierigkeiten, den Sprachhebel im richtigen Moment auf Österreichisch umzulegen. Wie im „Anzengruber", berühmt für seine Schnitzel ab 22 Uhr. Übers Anzengruber wird grundsätzlich gern und viel geschrieben, da sich in der lustigsten Absturzkammer Wiens Literaten, Journalisten, Künstler und Schauspieler regelmäßig bühnenreif Sorgen wie Hirn wegsaufen. Ich war nur einmal dort und dann nie wieder.

Einen Stapel Teller schwenkend, wollte der Ober im Anzengruber gerade noch im Vorbeigehen die Bestellung aufnehmen, als ich ihn fragte, was denn wohl bitte „Däpfel" seien.

„Hammanet!" Die knappe und präzise Antwort des Herrn Ober kam ohne ausschweifendes Beratungsinteresse aus. Der klappernde Stapel in seiner Hand hätte auch jeden Moment über mir auseinanderfallen können. In einem Anfall von Euphorie beharrte ich trotzdem: „Doch, doch, Däpfel!" Hatte ich ja gerade eben erst gelesen und zeigte zum Beweis auf die Speisekarte. „Hier steht ... äh, Moment ... hier steht ... da ... eindeutig: Schnitzel mit BraterDÄPFEL." Jedenfalls stand das da, wenn ich es vorlas.

„Des san Erdäpfel, Gnädigste, kaa Däpfel. Bei eich Piefke san des Brat k a r t o f f e l!" Dann ging er in die Küche und ließ mich sitzen.

„Aber von kaan einzische Österreischer", Karl-Heinz ergriff wieder das Wort, „wird doch in Deutschland verlangt, dess der sei Kartoffel in Erdäpfel, seine Eierkuche in Palatschinke, Bohne in Fisole, Blummekohl in Karfiol oder Melanzani in Aubergine umtaufe muss. Übbärhaupt, wenn Österreischer bei uns de Mund uffmache, heißt's bei uns doch nur: Ei wie charmant."

Mir kam in dem Moment die Idee für einen Film über das spezielle Verhältnis von Deutschen und Österreichern. Karl-Heinz hatte noch keine Ahnung, aber er war die perfekte Besetzung für den Film.

„Na ja, und wir kommen aufgrund unserer direkteren, lauten Art eben oft als arrogant und unhöflich rüber", hakte Nina ein. Die große Blonde aus Hamburg war mir auf Anhieb sympathisch. „Wir sollten vielleicht einfach alle etwas höflicher sein, als wir das von Deutschland gewohnt sind. Höflichkeit gewinnt in Österreich immer! Ist jedenfalls meine Erfahrung. Ein bissl ..." Nina, Anfang dreißig und angestellt bei einer Versicherung in Wien, versuchte sich bereits in Österreichisch. „Bissl" ist dabei für die allermeisten Deutschen noch vor „Sackerl" das erste österreichische Wort. Und ähnlich wie beim ersten „Mama" oder „Papa" vom Nachwuchs ist die Freude bei den Ösis darüber groß („Sie hat ‚bissl' gesagt!"). „Ein bissl problematisch wird das Verhältnis zwischen Deutschen und Österreichern wohl immer bleiben", wusste Nina.

„Der große Bruder", meinte Katrin, Werbetexterin aus München, „wirkt auf die Österreicher immer a weng präpotent, was so viel heißt wie arrogant und besserwisserisch. Und wennst länger da bist, merkt man: Das stimmt leider wirklich oft. Ich bin jetzt seit einem Jahr in Wien und als verschärfende Maßnahme mit einem Wiener verheiratet. Bevor ich nach Österreich kam, war ich zehn Jahre in Spanien,

und sowohl dort wie hier hat sich mir der Spruch einge-
prägt: Gott schütze uns vor Sturm und Wind – und Deutschen, die im Ausland sind." Und jemand fügte hinzu: „Ja,
meine Schwester hat vor Jahren auch einen Meidlinger
geheiratet." Das Opfer schien mir allerdings etwas groß. Es
konnte ja, bitte schön, nicht jeder Deutsche gleich einen
Meidlinger heiraten, nur, um in Wien nicht mehr als Deutsche aufzufallen. Schon den Meidlingern zuliebe ging das
nicht.

Die MA 17 hatte zwei Regeln für Deutsche. Regel Nummer eins – Nie mehr mit der Tür ins Haus fallen! Regel
Nummer zwei – Unbedingt vermeiden, Negatives zu sagen!
So ein Migranten-Beistand war ja sehr anständig und mochte, wie die Piefke Connection, in den ersten Wochen eine
wertvolle Ergänzung beim Einwandern sein. Und trotzdem
würde es immer hoffnungslose Fälle wie Karl-Heinz geben.
Der war seit fünf Jahren in Wien und klagte, noch immer
würden seine feindlich gesinnten österreichischen Kollegen
nicht mit ihm auf ein Bier gehen.

„Sorry, aber jetzt mal im Ernst." Nina wieder: „Wenn du
beklagst, dass du nach fünf Jahren in Wien noch immer keine privaten Kontakte zu Österreichern hast – hast du mal
daran gedacht, dass es vielleicht auch an dir liegen könnte?"
An dieser Stelle wussten alle im Raum, außer Karl-Heinz vielleicht, Ninas deutsche Direktheit außerordentlich zu schätzen. In Wien ab sofort natürlich nur noch insgeheim.

Meine neue Wohnung im Margaretenhof war zum Glück
kleiner als die erste Wohnung, dafür aber war sie ein Stockwerk höher gelegen, im sogenannten Mezzanin. Wieder so
ein Wiener Begriff. „Mezzanin" bedeutet so viel wie Halb-
stock. Tatsächlich aber ist das ein ganz normal hoher erster
Stock. Ausgefuchste Bauherren um 1900 hatten mithilfe der

bewusst falschen Bezeichnung Mezzanin für die erste Etage die Gesamtzahl ihrer Stockwerke reduziert. Denn die jeweilige Haushöhe wurde damals nicht in Metern, sondern in Stockwerken festgeschrieben. Und das Mezzanin zählte laut Bauordnung nicht mit. Die Bezeichnung brachte ihnen ein komplettes Stockwerk mehr ein, das man – unbemerkt von den Behörden – natürlich ganz normal vermieten konnte.

Mein Vormieter erwies sich als ebenso windig wie um circa 1900. „Ablöse" lautete plötzlich das Codewort, das sogar Majid völlig fehlerfrei aussprechen konnte. Natürlich war es erst zu hören, als ich den Umzugswagen schon bestellt hatte.

„Tja, meine Liebe", Elfie hatte wieder diesen Mir-san-mir-Blick. Und „Ablöse" war schließlich etwas sehr Wienerisches. Genauso wenig wie von „Ablöse" hatten Deutsche schon mal etwas von „Vergebührung" gehört.

„Des is a Steuer und wird bei Abschluss des Mietvertrages fällig." Elfies Augen sahen mich gerade über ihren Brillenrand an. Die Wohnung lag zwar weit genug entfernt von der von ihr so verteufelten Mariahilfer Straße, aber geheuer war ihr der Margaretenhof deshalb natürlich noch lange nicht.

„Da wirst' net umadum kumma. Die Apanage wirst' zoahln miassn für dei galante Wohnung. Wie Maklercourtage und die Vergebührung a. Wer a Wohnung wui in Wien, muass a Mietwohnung erbn oder muass zoahln!"

Mir blieb natürlich nur zu zahlen übrig. In meinem Fall waren das allerdings mehrere Tausend Euro für Möbel, die ich vom Vormieter übernehmen sollte. Angeblich alles Designermöbel. Er hatte sich gerade ein halbes Jahr, nachdem er die Wohnung im Margaretenhof bezogen hatte, in eine Frau verliebt und wollte nun Hals über Kopf mit ihr zusammenziehen. Und sie wollte offensichtlich ihn, nicht jedoch seinen Geschmack übernehmen – das sollte ich erledigen. Mein Allerwertester hatte bisher noch nie darauf bestanden, hochwertig italienisch platziert zu werden, und schon gar nicht unter neunarmigen Kronleuchtern. Ich musste beim Anblick natürlich umgehend an das geltende EU-Glühbirnen-Verbot denken. Soll ja Leute geben, die im Keller noch kistenweise 100-Watt-Glühbirnen horteten. Aber inzwischen waren selbst 60-Watt-Lampen heiße Ware. Und ich sollte gleich zwei von diesen Stromfressern übernehmen.

„Ma, des is a Schnäppchen!", sang Majid. Wenn er besonders überzeugend klingen wollte, versuchte mein Makler stets ein bissl Österreichisch statt Englisch. Und das Angebot des Hausverwalters sollte in meinen Ohren schließlich umwerfend klingen. Das Sofa mit dem Neuwert eines Kleinwagens bekäme ich für den halben Preis, lobpreiste Majid. Es existierte leider keine Rechnung mehr, anhand der sich der Preis hätte glaubhaft überprüfen lassen. Aber ich wollte – im wahrsten Sinne des Wortes – auch keinem Schwindel „aufsitzen".

„Sie kriagen des bitte für wos? O mein Gott!", näselte der Möbelverkäufer durchs Telefon, als hätte er seine Nase noch nie zum Luftholen gebraucht. Er arbeitete in einem Geschäft am Ring – das mit Möbeln zu Preisen eines Jahresgehaltes. Ich wollte nur wissen, ob das Sofa tatsächlich ein Preisschild mit vier Nullen hatte. Der Verkäufer, dem man sowohl die zu engen Hosen als auch den abstehenden kleinen Finger am Telefon anhören konnte, bestätigte Echtheit und Preis, und das auf seine sehr überzeugende Art. Mein schwuler Tandler rang schnappatmend um Fassung. „Jössas ..., um Gottes Wü'n, und da überlegn'S no? Nehmen'S des! Bitttä! Nehmen'S des rasch! Sonst nehm i's!" Seine imposante Entrüstung war mir Beweis genug. Ich wusste zwar nicht, auf welchem Weg das Sofa in die Wohnung des Vormieters gelangt war, aber ich zahlte und war endlich drin. Max würde Augen machen.

Wie ein Rumpelstilzchen saß ich Tage später auf meinem Nehmen'S-des-bloß-Sofa unter immerhin noch brennendem Kronleuchter und übte schon wieder. Auf die Frage nämlich, wo in Wien ich wohne, wollte ich ja keinesfalls wie ein Duracell-Häschen hysterisch vor Freude in die Hände klatschen, sondern betont beiläufig klingen: „Ach, du, eh ganz nett, im Margaretenhof."

November

Was wäre Wien ohne Wiener!

„HERZL, FÜR DIE ollameistn Frau'n is a Monn erst dann vergebn, wanna tot is." Elfies Wiener Weisheiten vermochten, meinen unendlichen Kummer wenigstens kurz in einen Lacher zu verwandeln.

Nichts auf der Welt, hatte ich gedacht, könnte meine Verbindung zu Max lösen. Sie war wie ein gesicherter Tunnel zwischen uns, und ich fühlte, als hätte es dieses Band schon ewig gegeben. Manchmal aber sieht man die Dinge von Weitem klarer. Oder man sieht sie von dort aus nur nicht mehr länger ein. Mit Wiener Weitsicht jedenfalls ging alles verdammt schnell. Klar waren wir das, was man ein glückliches Paar nennt. Wir lachten und blödelten zusammen, empfanden beide oft im selben Augenblick das Gleiche, wussten, was der andere dachte, waren unendlich stolz aufeinander. Manchmal hockte er vor meinen Fernsehberichten, wenn ich erst spät aus der Redaktion in unsere klitzekleine Wohnung nach Hause kam. Und wie oft saß ich im Theater, zitternd ganz vorn im Zuschauersaal, aufgeregter als er, auch wenn er nur für zwei Minuten zu hören war: „Du musst im dritten Akt genau hinsehen, der siebente Bogenschütze von rechts. Der, der von hinten rechts auf die Bühne kommt und dann gleich wieder nach links abgeht." Und beim Schlussapplaus vorm roten Vorhang dann die kleine extra Verbeugung nur für mich. Selbst im grellsten Scheinwerferlicht versuchte Max, mich im Publikum zu finden. Nur ich wusste, ob er an diesem Abend gut oder sehr gut bei Stimme war, wie lange er dafür schlafen und wann exakt er essen musste.

Wenn er nach einem Konzert zwischen den schon leeren Stühlen mit den Blumen auf mich zukam und fragte: „Na, wie war ich?", konnte ich die ganze Welt umarmen. Seine Stimme war mein Zuhause. Wir hatten das seltene Glück, immer ganz nah zu sein, wenn der andere seine großen und kleinen Erfolge hatte, und ohne den anderen wollte die keiner von uns feiern. Wir waren uns unbesonnenste Kritiker, weil zügellos Vertraute, denn das hatten wir alles miteinander erreicht. Doch es existierten schon vor Wien keine Pläne für eine gemeinsame Zukunft, nur das Dahinplätschern von Wochenende zu Wochenende, von Theatervorstellung zu Theatervorstellung, von Fernsehbericht zu Fernsehbericht. Dazwischen der Rausch der gemeinsam vergangenen Jahre. Wir hatten uns bequem eingerichtet im Glück. Unser Alltag bestand aus Anerkennung und Applaus. Lampenfieber kannten wir nicht mehr. Und Max mochte seinen Tag auch am liebsten ganz ohne jede Aufregung. Mit dem Wunsch nach Familie war ich da schon länger abgeprallt. „Fang nicht schon wieder an!" Als wäre die Gründung einer Familie eine Frage der Kategorie, ob man denn nun dieses Jahr endlich dem Kleingartenverband beitritt oder erst nächstes. Mal abgesehen davon, dass man ein Leben lang noch Kleingärtner, aber eben nicht mehr Eltern werden kann. Ohne Perspektive zu zweit, und nun nicht mal mehr auf ein Zusammenleben in Wien, wurde meine Arbeit beim Fernsehen immer wichtiger. Die Anerkennung im Job kann man sich verdienen, Liebe nicht.

Das Leben von so vielen Menschen hatte ich ausführlich kennengelernt, recherchiert, zusammengetragen, aber die Antworten zu dem Menschen, der mir am nächsten stand, kannte ich immer weniger. Natürlich flog ich, wann immer es der Drehplan in Wien zuließ, nach Hause nach Berlin. Auch wenn ich jetzt nur noch jedes vierte, fünfte Wochenende und manchmal auch nur noch am Telefon verfügbar war. An einem dieser Wochenenden stellte sich raus, Max hatte keine Entscheidung gegen Wien, er hatte eine für Berlin getroffen. Ich Idiot hatte mich immer drauf verlassen, dass er seine Kolleginnen selten mochte. Ich hatte die Fotos vom letzten Gastspiel gesehen, aber ich vertraute ihm. Sie war die noch bequemere Variante meines 25-Hour-Service. Sie kochte ihm längst den Tee, wenn die Stimme versagte. Max hatte immer behauptet, er mag keine Opernsängerinnen. Jetzt hatte er eine. Und ich hatte die Wahl: Entweder sie oder ich in Berlin. Ein Leben zu zweit in Wien stand für ihn nicht länger zur Debatte.

„Entweder wir beide in Wien oder gar nicht", erwiderte ich und entschied für uns beide: „Das war's dann!"

Am nächsten Morgen packte ich meine Sachen, fuhr zu meinen Eltern und konnte es nicht fassen. Ende nach vierzehn Jahren. Eine Woche kompletter Ausnahmezustand. In Mutterns Bademantel, in dem sich die aufstrebende Journalistin endgültig in einen verlotterten, verwahrlosten Teletubbie aus der U-Bahn-Unterführung verwandelte, flossen die dicksten Tränen auf die nächsten absolut unwiderruflichen Fünfjahrespläne meines Lebens. Mal mit, mal ohne Wien.

Natürlich kamen die Gedanken, ob es besser gewesen wäre, wenn ich in Deutschland geblieben wäre. Aber Wien war nicht schuld, das war mir sofort klar. Wien war nur der Ausgang für die Sackgasse, in der Max und ich längst steckten. Als die Tür allerdings hinter mir ins Schloss fiel, mit lautem Knall, ahnte ich nicht, dass ich nie mehr dieselbe sein würde. Wenn man geht, denkt man, man ginge mit sich. Und das ist schließlich jemand, den man ja schon eine Weile mit sich rumschleppt, also gut kennt. Aber wer war ich? Ohne ihn?

Nach einer Woche flog ich, sehr tapfer, wie ich fand, zurück an meinen Arbeitsplatz nach Wien. In die sichere Struktur meines getakteten Fernsehstudio-Alltags. In die Stadt mit dem unschlagbaren Vorteil, dass mich hier nichts an mein schönes Leben zuvor erinnerte. Und Elfie in die Arme: „Wem's Wossa bis zum Hals steht, der därf'n Kopf net hängan lossn!", sagte sie, während sie gerade Teewasser für mich aufgoss in ihrem klitzekleinen, mit unzähligen Bücherstapeln tapezierten Schreib- und Wohnstüberl am Donaukanal unterm Dach.

„Mit 96,8 Zentimeter, und des bitte im Durchschnitt, ham Österreicherinnen den europäischen Idealbusen!" Na, das brachte einen doch mal auf andere Gedanken.

„Waßt scho, Froillein Tonja ...", es war schon spät an der Würstelbox, „... dess sogar Champagnerschalen nach den Brüsten von a'ner Österreicherin g'mocht wurdn san?" Ich wusste es. Und zwar nach denen von Marie Antoinette. Königin von Frankreich zwar, aber 15. Kind von Österreichs ungekrönter, aber deshalb nicht weniger geliebten Kaiserin Maria Theresia. Muttern Maria Theresia war mit ihrer ausgeklügelten Heiratspolitik schon damals im Kampf gegen die Preußen und Friedrich II. sehr erfolgreich. Die ersten Champagnerschalen jedenfalls konnten so in Frankreich angeblich den Brüsten ihrer Tochter Marie Antoinette nachempfunden werden, da Muttern sie klugerweise dorthin verheiratet hatte.

Der Zusammenhang zwischen europäischen Idealbusen in Österreich von immerhin fast einem Meter Durchmesser und der Größe von französischen Champagnerschalen, in die traditionell gerade mal 160 Milliliter Schaumwein passten, drängte sich mir nicht umgehend auf. Bis auf das gemeinsame Thema „Brüste" natürlich. Männern schien das ja naturgemäß schon genug zu sein. Was weit gereiste österreichische Brüste jedoch betraf, sprach aus Alex jede Menge

Stolz. Ihm selbst war der letzte Idealbusen allerdings schon vor vier Jahren durchgebrannt. Seine Frau hatte ihm den für die Liäson mit einem Polizisten entzogen. Mit ihrem „Kiberer-Haberer", pflegte Alex zu sagen, was in diesem Fall auf Deutsch leider völlig unzutreffend, weil viel zu wenig verächtlich, mit „Polizisten-Liebhaber" übersetzt werden muss. Und ich stelle immer wieder fest: Österreichisch erweiterte und erleichterte den sprachlichen Umgang enorm. Alex hat bereits feuchte Augen, wie immer schloss er seine Geschichte aber reu- und auch bisschen wehmütig: „Tja, da Alkohol hot olle meine Probleme gelöst, sogar mei' Ehe."

„Kaa Alkohol is oba a kaa Lösung!" Helmut wischte die Beinahe-Tränen seines Freundes umgehend weg. An immer derselben Stelle richtete er den betrübten Alex mit den immer gleichen Worten wieder auf: „Do hots eba a'n neichen Tschamsdara, a'n Liabhoba. Oba i und der Jäcki ... der Jäcki und i, mir bleibm dir jo eh imma treu!" Alex strich dann seinem schwarzen Pudel-Schnauzer-Mischling über den Kopf, und Hund und Herrchen blinzelten sich dankbar in die Augen.

Wer partout keinen Alkohol mochte, der hatte in Österreich ein ernsthaftes Alkoholproblem. Denn beim Pro-Kopf-Konsum lagen die Österreicher eindeutig vorn. Das bestätigte sogar die OECD irgendwann, aber diesen Hinweis behielt ich an der Würstelbox natürlich diskret für mich (Regel Nummer eins). Mengenmäßig soffen die Österreicher sogar noch die als Kampftrinker berüchtigten Russen unter den Tisch. Wirklich mehr als Österreicher zechten nur die Franzosen. Bemerkenswert! Das muss man vor allem wissen, wenn man nicht jeden Zweiten in Wien für einen vermeintlichen Alkoholiker halten will, weil der – ogottogott – schon mittags Wein bestellte. In Wien wurde einfach mehr getrunken. Wenn's gemütlich werden sollte, gehörte halt „a guats

Flascherl" dazu. Sogar für ihr Rathaus hatten sich die Wiener stets ein promillefestes Stadtoberhaupt gesucht. Böse Zungen behaupteten sogar, Bürgermeister Häupl würde Amtsgeschäfte gegen ein Uhr mittags nur noch in Begleitung eines ordentlichen Damenspitzerls ausüben, oder, wie es Wien auch heißt: schon gut „im Öl" sein. Das Stadtoberhäupl mochte von den Wiener Weinen am liebsten Gemischten Satz, und den genoss er stets aus seinem eigenen Bürgermeisterkrügerl, wie er mir einmal bei einem Rathaustermin gezeigt hat – und das leider völlig nüchtern, wie ich fand. Trotzdem hatte ich irgendwann kapiert: Wer sich zurechtfinden will in einer Stadt, in der das Begrüßungsviertel mindestens im Fluchtachterl endet, welches sich selbst in der festen Absicht, jetzt aber wirklich zu gehen, doch noch zum Liter summieren kann, der musste einfach trinken können.

Mist, Single! Das hatte ich gar nicht bedacht. Alleinstehend. Dieser familiäre Aggregatzustand war mir überhaupt nicht mehr vertraut, nach all den Jahren der Zweisamkeit. Und ehrlich, es empfahl sich nicht gerade, diese betrübliche Etappe im Leben – die mit den unangemeldeten Weinkrämpfen und den zuverlässigen Einsamkeitsattacken – in einer nahezu fremden Stadt abzuwickeln. Und dann auch noch in einer, in der man nur vier Menschen kannte (Elfie und die Würstelbox schon eingerechnet). Und die für Freunde und Familie aus Deutschland mehr als eine Flugstunde weit entfernt lag. Zwischen den Aufbau-Besuchen stand eine telefonische Dauerleitung nach Deutschland. Meine freien Tage verbrachte ich in gut gelüfteter Wohnungshaltung im zwar wunderschönen Margaretenhof, aber meine Sozialkontakte bestanden ausschließlich aus Skype-Orgien. Ganze Partys in Deutschland habe ich am Computer in Wien verbracht. Bloß nicht rausgehen.

Klar wäre in dem Gemütszustand Kontakt zu echten Menschen hilfreich gewesen. Aber wie macht man das? Ich meine, privat? Natürlich traf ich dauernd Menschen, interviewte, stellte unangenehme Fragen, machte Termine klar. Aber ich war nicht in der Lage, die eine oder andere Einladung – „Man könnte ja mal auf einen Kaffee gehen" – anzunehmen. Journalistische Distanz und so. Aber Distanz war genau jetzt mein Problem.

Ich nahm mir kurzerhand noch eine Woche frei. Frei für mich und die Stadt. In Wien kannte ich schließlich nichts so gut wie den Weg vom Flughafen ins Büro und den nach Hause. Jeden Morgen ein anderes Café und jeden Abend ein anderes Theater – ich traf erst mal eine Verabredung mit Wien.

Die Stadt schien nur darauf zu warten. Sie war wie geschaffen für melancholische Trauerklopse wie mich. Im gemütlichen „Jelinek" zwischen Pilgrambrücke und MaHü stellten sie dir einfach stillschweigend und mit verständnisvollem Kopfnicken den nächsten Kaffee hin. Die gesamte Inneneinrichtung dort war seit Jahrzehnten nicht verändert worden. Das war, als hielte man sich inmitten von Trennungsmöbeln aus gleich mehreren gescheiterten Beziehungen auf. Im „Kleinen Café" am Franziskanerplatz saß man den anderen Gästen auch an getrennten Tischen noch derart auf dem Schoß, dass man nicht nur jedes Gespräch ohne Probleme mitverfolgen, sondern auch komplett vergessen konnte, dass man ursprünglich allein hergekommen war. Im „Bräunerhof" hinter der Hofburg konnte man ungestört die anderen beobachten, wie sie sich im depressiv beigebraunen Mobiliar stundenlang an ihrem kleinen Schwarzen oder einem großen Braunen festhielten, weil sie wie ich niemanden hatten, den sie damit aufhalten konnten. Und in der „Feuerhalle" bei mir in 1050 saß das Publikum schon morgens vereinzelt vorm jeweiligen Reparaturseidl, das heißt vor einem Bier, genau wie gestern auch schon, um so wenig wie möglich an das eigene kümmerliche Dasein und die Pläne, die man mal hatte, erinnert zu werden. Durch die dicken Rauchschwaden hindurch sah das (trotz geltendem Nichtrauchergesetz in Österreich) insgesamt nach sehr viel größeren Problemen aus, als ich sie hatte. Aber Österreicher saßen nun mal in allen Lebenslagen im Café.

Vormittags Café, abends Theater, so lautete mein Überlebensplan. An einem dieser selbst verordneten „to go"-Abende lief mir plötzlich der Professor zu. Ich hatte ihn schon im Vorbeifahren an einer U-Bahn-Haltestelle entdeckt. Er hatte vorm Stadtplan versucht, sich einen Überblick zu verschaffen. Kopfüber!

„Entschuldigung! Wo bitte finde ich hier die Ungargasse?", fragte er mich, als ich vom Parkplatz aus ins Theater strebte. Es war Jens Richter, der Mann vom Kommunistenfest. Und ganz offensichtlich hatten wir beide schon wieder dasselbe Ziel. Jens war tatsächlich Mitte fünfzig, noch immer Deutscher und, wie sich herausstellte, seit ein paar Jahren Professor für Medienwissenschaften an der Uni Wien. Er sezierte dort mit dem Gespür eines Pathologen Fernsehsendungen. Wir lebten also beide von der derselben Branche. Jens liebte Winnetou und Sissi und gab das sogar ganz offen zu. Statt linken Radikalismus, wie in den 68ern, liebte der Professor, inzwischen milde geworden, jede Art von Kitsch. „Ich schlafe sogar unterm ,Schatz vom Silbersee'!", beichtete Jens und meinte natürlich ein Karl-May-Film-Poster. Was andere für seichten Kram hielten, war für den Professor eine Frage der Weltanschauung. „Wir Menschen brauchen sentimentalen Plunder um uns rum, als gefühlsmäßigen Ausgleich zu unserer sachlich-logischen Lebenswirklichkeit." Die kleine Flucht aus dem Ernst des Lebens in den schönen Schein der Rührseligkeit. In Sachen Kitsch war man in Wien natürlich goldrichtig. Die ganze Stadt war eine alte Kramschatulle, deren gesammelte Schätze hier und da zwar schon ordentlich muffelten, die man aber für immer behalten wollte, weil sie so schön waren oder weil sie einen an wundervolle Tage erinnerten. Warum das so sein musste, da kannte sich Jens aus wie kein anderer. Nur halt nicht auf Stadtplänen. „Peinlich. Ich lebe jetzt seit mehr als zehn Jahren in Wien, aber ich verlaufe mich immer noch und überall!", wunderte er sich über sich selbst. Gemeinsam landeten wir zielsicher im „L.E.O.", was für „Letztes Erfreuliches Opernhaus" steht. Weiß Gott, sängerlos, wie ich nun war, wie sehr hatte ich mich über diesen Theaternamen gefreut. Letztes erfreuliches Opernhaus. Genau so eines war jetzt dringend nötig! Auf dem Programm stand ein Liederabend: „Der Tod, das muss ein Wiener sein!" Nun, treffender hätte man meine Stimmung auch nicht beschreiben können. Es war, als verbeugte sich Wien vor meinem privaten Unglück und nahm mich trauernde Piefkinesin pflichtschuldig an die Hand. Und stellte mir ersatzweise einen zerstreuten Kitsch-Professor zur Seite.

Auf der Bühne ein improvisierter Friedhof, unten fünfzig unbequeme Gartenstühle. In der Pause Schmalzstullen und den schaurigsten Grünen Veltliner von ganz Wien. Während der Vorstellung aber genossen der Professor und ich Leidenschaft für Komik und Musik. Das hier war genau der richtige Ort, um einerseits so richtig Trübsal zu blasen und dabei gleichsam sinnvoll einen der fabelhaften Kulturplätze der Stadt kennenzulernen. Natürlich findet jeder ins Burgtheater oder in die Staatsoper, aber das L.E.O., das musste man in Wien eben erst entdecken. Oben auf der Bühne sangen sie: „Wie schön wäre Wien ohne Wiener …" Dichter Georg Kreisler wird schon seine Gründe dafür gehabt haben, dachte ich wieder. Später habe ich erfahren, dass man Kreislers österreichischen Pass entwertet hatte, weil er Jude war und

1938 nach dem Anschluss Österreichs von Wien nach Amerika geflohen war. Zu seinem 75. Geburtstag dann bat der Dichter das Land Österreich, ihn doch bitte von der Liste der lästigen Geburtstagsbriefe der Bundesregierung zu streichen. Denn obwohl Österreich sich mit ihm und seinen Erfolgen ausgiebig und gerne schmückte, war Kreisler gar kein Österreicher mehr. Man hatte tatsächlich vergessen, ihm nach Ende des Zweiten Weltkriegs, wie anderen Juden auch, die österreichische Staatsbürgerschaft zurückzugeben. Kreisler hatte auch nicht eingesehen, warum er darum hätte ersuchen sollen. Er starb schließlich als US-Amerikaner in Salzburg.

Kreisler im L.E.O. hinterließ keine Traurigkeit. Sein rotzigtrotziger schwarzer Humor und sein scharfsinniger Sprachwitz hatten nicht weniger getan als mich gerettet an diesem Abend. Lieder, die er sich einst schnoddrig aus dem Herzen schrieb – mich trafen sie mitten in meins. „Es ist traurig, wenn Liebe erkaltet, es ist traurig, wenn Liebe vergeht ...“ Ich war unglücklich, aber in bester Gesellschaft. Nach der Vorstellung hielt ich es für klug, den planlosen Professor besser zu Hause abzuliefern, als ihn in die nächtliche U-Bahn zu jagen. Beschwingt vom schaurigen Veltliner sangen Jens und ich im Auto „Gemma Taubn vergiftn im Park ...“ Einsam und a bisserl verloren, mit „a'n klaanen Poscha“, wie es „do haßt“, passte ich plötzlich wie die Faust aufs Auge nach Wien. Und mit der Stadt an der Hand, beschloss ich, würde ich einfach das Beste daraus machen.

Ausgerechnet Berlin sendete Hilfe. Und die kam direkt aus dem Auswärtigen Amt. Der deutsche Außenminister war zu Besuch in Wien. Er besuchte im Anschluss an die offiziellen Termine am Nachmittag die Galerie Dollezal. „Gehen Sie gern mit“, sagte sein Sprecher, „die Malerin heißt Berenice Darrer. Auf Empfehlung eines Freundes aus Berlin.“

Deutsche Politiker wirkten in Wien meist viel aufgeschlossener als in Berlin. Als änderte Wien für sie die Spielregeln. Bei offiziellen Terminen waren längst nicht alle deutschen Medien anwesend. Es ging also gemütlicher zu als im hektischen Berlin, man kam ins Gespräch. Unser Außenminister galt als Kunstkenner. Ich teilte eher ein nach: Ist das Kunst oder kann das weg? Es war keine Geschichte sonst in der Luft. Also stapfte ich in den 1. Bezirk. Wien war für mich die beste Fußgängerstadt überhaupt. Ich lief durch sie hindurch wie durch ein Bühnenbild, ein Puppenhaus neben dem anderen, eine Stadt wie im Sonntagskleid. All die Palais Kinsky, Esterházy, Palffy, Lobkowitz: Wien bot eine Pracht, mit der keine einzige deutsche Metropole mithalten konnte. Eine Stadt mit Adelstitel.

Gleich hinter der Staatsoper, deren Architekt beim Bau sein persönliches „Königgrätz" erfuhr und sich kurz vor der Eröffnung 1869 das Leben nahm, weil die Wiener seine Oper spöttisch „versunkene Kiste" nannten, gleich hinter der Staatsoper also, zwischen dem gemütlichen „Café Tirolerhof" und dem berühmten „Café Hawelka", wartete schon Österreichs FBI. Im Blaulicht der Wagenkolonne erschnüffelte ein Sprengstoffsuchhund mögliche Gefahren für den Herrn Minister.

„Schon spannend!", nickte mir da der berühmte Wiener Galerist Hans Dollezal mit frech funkelnden Augen hinter der markanten kreisrunden Brille zu.

„Tja ...", scherzte ich mit Blick auf den FBI-Hund, „... für gute Kunst braucht man halt ein guten Riecher." Gemeinsam warteten wir auf noch mehr Blaulicht und die Wagenkolonne des deutschen Außenministers.

„Sind Sie extra dafür in Wien?", fragte Dollezal und zeigte auf mein Kamerateam.

„Nein, ich wohne hier. Seit Neuestem!", antwortete ich.

„So, so, neu in Wien! Ich bin Sofic! Magst' heute Abend

mit zur Vernissage kommen?" Sofie Zweifelhofer war Dollezals rechte Hand. Ungefähr in meinem Alter. Ich wollte. Und Dollezal zeigte jetzt sehr geheimnisvoll rüber zu ihr: „Sie kennt die besten Partys in der Stadt!" Wenn es zwischen Österreichern und Deutschen möglich war, dann war das soeben Liebe auf den ersten Blick zwischen uns dreien.

„Aber nur, wenn ich auch mal mit Ihnen essen gehen darf", sagte Hans Dollezal. „Schließlich bin ich hier der Chef." Das ließ sich machen. Zwar war ich gerade, wie so oft, im Dienst, aber da musste meine journalistische Distanz halt mal in Deckung gehen. Konventionen dieser Art wirkten auf mich inzwischen so verträumt wie Beschlüsse der Sozialistischen Einheitspartei zum 50. Jahrestag der DDR. Und in Wien trank man sein Glaserl Wein ja auch nicht erst, wenn's dunkel wurde.

„Ziemlich viele Brüste!", grinste ich, als ich mit Sofie am Abend die Albertina betrat. Mel Ramos malte zwar keine österreichischen Idealbusen, aber Alex von der Würstelbox hätten bestimmt auch diese amerikanischen hier gefallen. Dralle Blondinen schmiegten sich an Käsewürfel, Brünette umschlangen Ketchup-Flaschen und andere verfügbare Konsumgüter. Ramos war neben Warhol und Liechtenstein Gründer der Pop Art vor fünfzig Jahren, ein Klassiker also, den ich heute sogar treffen durfte. Seine Markenzeichen seit den Sechzigern waren die „Commercial Pin-ups", die Ladys mit den Logos. Seine allererste und berühmte: das Mädchen in der Chiquita-Bananenschale.

„Absolute Reizposen damals, heute findet man das an jeder Bushaltestelle", sagte Sofie mit kunsthistorischem Kennerblick. Als Ramos vor einem halben Jahrhundert Sexbomben an Tomatendosen sich räkeln und auf Zigarettenschachteln lümmeln ließ, schäumten Feministinnen vor Wut. „Die sehen hier doch schon aus", fand ich ganz im Sinne der Emanzipation, „als wollten sie sagen: Schau, Liebling, gekocht habe ich nichts, aber guck mal, wie ich hier auf der Zigarre rumliege."

„Für die meisten hier", sagte Sofie, den Blick auf Ramos' Bildern, „stand übrigens seine eigene Frau Lolita Modell. Und die beiden sind immer noch verheiratet. Sie kommt ihn gleich abholen."

„Na, wenn das mal stimmt", polterte es im Schlepptau von Sofie. Es war Fiona, die sich nach einem Tränental zwischen all den jungen „nockertn" Dingern nicht so recht entspannen konnte, obwohl etliche von Ramos' Damen immerhin schon mehr als fünfzig Jahre auf dem Buckel hatten. Fiona aber hatte gerade zu Hause die Kündigung erhalten. Ihr Mann hatte kurz zuvor seine Sekretärin lieb gewonnen und festgestellt, dass seine Zuneigung eher den Frauen gehört, die nur ihn umsorgten und neben der Aufzucht des Nachwuchses nicht auch noch daran arbeiteten, tolle Gesprächspartner zu bleiben. Dass seine Sekretärin dabei auch noch wesentlich jünger war als seine derzeitige Ehefrau, spielte natürlich keine Rolle für ihn. Für Fiona schon. „Von wegen vierzig ist die neue zwanzig!", sagte Fiona aus den Siebzigern, mit streng prüfendem Blick auf die Rundungen aus den Sechzigern, wenn auch nur einer Brünetten im Rahmen.

Sofie hob staatstragend ihr Glas und fragte: „Sind wir zum Austauschen nicht noch a bissl zu jung?" Das Schöne an Ausstellungen und Vernissagen hier in Wien, so lernte ich: Zur Verdauungsförderung von Kunst gehörte, gut zu trinken und fast immer zu essen. Dieser Umstand rief sogar eine eigene Spezies, die „Buffet-Esser", auf den Plan. Sie führten penibelst Buch, wann und wo in der Stadt gerade eine Ausstellung eröffnet wurde und welche Galerie oder Kunsthalle das beste Catering hatte.

„Wissen Sie", plötzlich stand Maler Mel Ramos hinter mir, „viele Männer haben mir damals gesagt: Ich würde Ihre sexy Pin-up-Bilder ja kaufen, aber meine Frau will das nicht." Mel Ramos schmunzelte durch eine verschmierte Altherrenbrille, strotzend vor Stolz auf seinen Tabubruch vor fünfzig Jahren. Er selbst, inzwischen Großvater, lief mit uns durch die Albertina und durch die eigene Bilderwelt voller nackter Weiber, als wollte er sagen: Was hatte ich doch für ein Leben!

„Nehmen Sie die Venus von Willendorf", Mel drehte sich schwungvoll um zu uns. Die Willendorf-Venus war eine kleine fette und vor allem nackte Frauenskulptur aus der Steinzeit, die man nicht weit von Wien gefunden hat. „Die Venus von Willendorf – das ist eines der ersten Pin-ups, das die Menschheit kennt." Und offensichtlich Ramos' Alibi, Frauen mit dem Pinsel flachzulegen. Dann musste er auch schon weg. Er hatte Karten für die Staatsoper, für sich und seine Frau Lolita. Die beiden waren zu beneiden. Figaro gab's und bekanntermaßen geht's da um liebestolle Männer und verführerisch schöne Frauen.

„Sensationell", sagte Dollezal in dem Moment, und das sagt der Wiener zu allem, was für den Deutschen beeindruckend, toll, cool oder einfach nur prima ist. „Sensationell" wird in Wien allerdings mit gleich zwei scharfen „s" gesprochen, und der glänzende Ausdruck in Hans Dollezals Augen beim Anblick Fionas tat sein Übriges, um vielleicht nicht ihren, wohl aber seinen Abend zu genau dem werden zu lassen: sensationell. Ihr „Mein Typ bist du nicht"-Blick allerdings hinterließ keine Zweifel. Fiona zwischen den Bildern war noch mit der Bewältigung der jüngsten Vergangenheit beschäftigt. Dazu half ihr zu allem Übel nicht einmal, dass sie ihr Geld als Liebeskummercoach verdiente. „Ich kann mich ja schlecht in meiner eigenen Psychopraxis auf die Couch legen!", verdrehte sie die Augen. „Wahrscheinlich hat mich mein Mann wegen meiner Excel-Tabellen verlassen." Die auch vor jeder Waschmaschine gleichberechtige Fiona hatte tatsächlich Tabellen darüber geführt, welches Hemd ihr Mann wann getragen und ob es von ihr oder ihm gewaschen und gebügelt wurde. Trennungen kamen bekanntlich überall vor, aber wahrscheinlich war es kein Zufall, dachte ich, dass Freud, nach einer Arbeit zu Aal-Hoden und einer Doktorarbeit über das Rückenmark niederer Fischarten, ausgerechnet in Wien die Psychoanalyse beim Menschen erfunden hatte.

Montagmorgen schlenderte ich durch den 1. Bezirk. In einer Stunde hatte ich ein Treffen im „Landtmann" mit einem Kieferchirurgen für einen Film vereinbart. Er baute tatsächlich alternden Wienerinnen oder denen, die sich so fühlten, das Gesicht komplett um. Kein harmloses Facelift mehr. Gesichtsstraffung war gestern! Der Professor zersägte seinen Patientinnen erst den Schädel und spannte mit Schrauben und Drähten das Gerüst wie in einem Baukasten nach. Angeblich viel natürlicher als alles Straffen und Spritzen, sagte der Doc. „Wissen'S, die Haut um die vierzig braucht a Fett, sog i imma! Oba wenn'S des net ham, dann kumm i!" Die Botschaft kannte ich schon von meine Mutter: Ab vierzig musst du dich entscheiden, Kind! Und da in Wien hieß es: „Oarsch oder G'sicht!"

Ich hatte die Galerie-Gaudi in der Albertina schon fast vergessen, da grüßte mich auf einmal die runde, gut gelaunte Brille von Hans Dollezal. „Ja, guten Morgen." Dunkler Anzug, Mantel, Handschuhe und Schal. „Ich bin gerade auf dem Weg in die Galerie und vorher ins ‚Café Bräunerhof' auf meinen Morgenkaffee!" Ob ich nicht mitkommen möchte, fragte Dollezal. Keine Frage und keine fünf Minuten später saßen wir im ruhigsten Café der Stadt – jedenfalls um diese

Zeit. „Wusstest du, dass hier Thomas Bernhard mit Alfred Hrdlicka täglich darum gestritten hat, wer die FAZ zuerst lesen durfte?" Dollezal war ein spannender Typ, er lebte für die Kunst, hatte all die Großen in seiner Galerie: Nitsch, Staudacher, Moser, Attersee. Dollezal kannte den großartigen Hrdlicka noch persönlich. Zwischen New York, Paris und Wien verkaufte er Hirst, Warhol und Ramos. Aber er sprach kaum übers Geschäft. „Eh eine einzige Krise!" Ich bestellte schon meinen zweiten Caffè Latte, den er scherzhaft einen „großen Weißen" nannte, als sich Fiona völlig überraschend mit einem überschwänglichen „Ja, guten Morgen, ihr zwei!" zu uns setzte. Sie hatte uns, golden beleuchtet im Separee, durchs Fenster entdeckt. Wien war eben ein Dorf. Aber hatte Fiona nicht gesagt, so ein Typ wie Dollezal ginge gar nicht? Vielleicht waren ihre Sinne heute Morgen auch nur etwas durcheinander.

Wie auch immer. An diesem Morgen plötzlich, auf dem verrammelten Polster und dem abgewetzten Parkett im Kaffeehaus, fühlte ich mich zum ersten Mal eins mit der Stadt. Was war passiert? Es war, als hätte mir jemand einen Zahlencode unters Kopfkissen gelegt. Den, mit dem man den Panzerschrank Wien knackt. Mir kamen der herzensgute Alex von der Würstelbox, die durchgeknallte Elfie und die vergnügliche Sofie in den Sinn. Und vor mir saßen Fiona und Dollezal, plaudernd. Mal ehrlich, murmelte ich mir selbst zu, was wäre denn Wien auch ohne Wiener?

Dezember
Austria – the better Germany

„BRAUCHEN'S A RECHNUNG?" Die Antwort darauf sollte man sich vorher überlegen, denn die Frage kommt gewiss. Und ein „Des pfusch ma!" hat hier auch nichts mit stümpern oder „schlampert" arbeiten zu tun. In Wien pfuscht, wer schwarz arbeitet. Hier tut man sich eben gerne und ganz grundsätzlich Gefallen.

„Freunderlwirtschaft", das klingt nicht nur wohlwollender als die drakonischen deutschen Ausdrücke „Korruption" oder „Vetternwirtschaft" – es gibt auch kaum einen Österreicher, der etwas Anstößiges daran findet. Solange er freilich selbst in den Genuss des Vorteilshandels gelangt. Geraten dagegen ihre Politiker in den Verdacht, käuflich erwerbbar zu sein, können Wiener sehr wohl die Beherrschung verlieren.

Trat jedoch mal wieder der deutsche Bundespräsident zurück, diesmal etwa, weil er im Verdacht stand, eine private Einladung über 200 Euro angenommen zu haben, dann machten sich die Österreicher wieder ernsthaft Sorgen über die „Deitschen". Hier tritt man deswegen nämlich nicht zurück. In Österreich tritt man gar nicht zurück, als Politiker erst recht nicht. Hier sitzt man's aus, bis Gras über die Angelegenheit gewachsen ist. „Wem Gott ein Amt gibt, dem gibt er in Österreich einen Dienstwagen", heißt es. Und Wien ist schließlich groß genug für viele kleine Dienstwege. Man muss sie nur zu *nützen* wissen. Am Ende brachte das sogar mich manchmal schneller ans Ziel.

Sie gäbe nicht mehr viele Interviews, hieß es erst. Natascha Kampusch war zwar nicht mehr im Mittelpunkt des Medieninteresses, seit ihr der Fritzl-Fall ein Jahr nach ihrer Befreiung enormes Interesse abgenötigt hatte. Aber sie treffen, das wollte ich unbedingt. Als unsere Kulturredaktion ein „Exklusivinterview" ergatterte, dafür aber eigens eine Kollegin nach Wien schickte, hätte ich Deutschland am liebsten den Krieg erklärt. Österreich war schließlich mein Land. Erst recht, als ich auch noch nicht mal mit dabei sein sollte. Was das Interview betraf, war ich raus! „Na dann ...", flötete ich beherrscht durchs Telefon, „dann besorge ich hier in Wien den Maskenbildner. Das mache ich wirklich gern!"

Denn das war meine Chance!

„Thomas, ich brauche dringend einen Maskenbildner." Ich rief den Chef der Maske vom Volkstheater an. Thomas hatte ich nach einer Premiere in der „Roten Bar" im Volkstheater kennengelernt. Die sah von außen zwar aus wie die kommunistische Kommandozentrale, von innen glänzte die Rote Bar aber in aufgebrauchtem Barockcharme, mit Stuck, Samtrot und Gold fürs Volk. Und Thomas, mit seinen feuerroten Haaren und dem ebenso roten Bart in der Roten Bar, das hatte was.

„Auch beruflich in Wien?" Thomas kam wie ich aus Deutschland. Erkennt man ja praktischerweise gleich am akkuraten „Hallo!". Auf die hochdeutsche Begrüßung folgt meist die Verbrüderung des ebenfalls ausgewanderten Gegenübers: „Ah, auch nicht gerade aus Österreich!" So gut wie jedes zweite Gespräch unter deutscher Beteiligung wird in Wien auf diese immer gleiche Weise eröffnet.

„Ich bin hier in Wien am Theater, in der Maske!", antwortete Barbarossa. „Und nein, ich bin NICHT schwul!" Natürlich müssen nicht alle Maskenbildner auf Männer stehen, trotzdem waren auch meine Augenbrauen umgehend erwartungsvoll nach „Maske" nach oben gewandert. Wiener Theater waren wahrscheinlich wie viele Opernhäuser und Theater in Deutschland fest in schwuler Hand, Thomas aber nicht. Er war vor zwei Jahren mit Ende dreißig von Aachen „übersiedelt". Sein deutsches Dasein als Verkäufer in der Herrenabteilung eines großen Kaufhauses hatte er nur allzu gern gegen den Job in Wien eingetauscht. „Hemden verkaufen war natürlich immer noch besser als Hartz IV", urteilte Thomas rückblickend. Aber jetzt war er in leitender Position an einem der Traditionstheater der Stadt Wien engagiert. „Schon was anderes!", sagte er.

„Du brauchst also einen Maskenbildner? Reicht dreimal die Woche oder muss es schon täglich sein?" Thomas zog mich gern über mein fortschreitendes Alter mit bald einsetzendem Siechtum auf und malte mir dabei in steter Regelmäßigkeit aus, was schon mit vierzig alles nicht mehr möglich sein würde. Vor allem Dinge der Kategorie „Mann fürs Leben" und „Familie mit eigener Aufzucht", wie er das nannte. Thomas fand, ich solle mich beeilen.

„Thomas", zwitscherte ich vergnügt durchs Telefon, „der Maskenbildner ist nicht für mich. Ich brauche einen für Natascha Kampusch bzw. für ein Interview mit ihr. Hast du nächsten Dienstag Zeit?"

„Klar, ich finde da jemanden in meiner Abteilung!"

„Nein, ich will, dass du das machst."

„Warum?"

„Weil du mich als deine Assistentin mitnehmen musst. Wir würden ... na ja ... wir würden als Team auftreten. Du kannst doch auch pinseln, oder?" Ich wusste zwar, dass Thomas gelernter Friseur war, aber nicht, ob er, außer Dienstpläne zu schreiben, am Theater auch noch selbst in die Schminktöpfe griff.

„Keine Sorge! Das kriege ich schon noch hin!"

Ich erklärte ihm mein klitzekleines Kampusch-Komplott, dass ich Natascha Kampusch unbedingt persönlich kennenlernen und mich dafür in das Interview mogeln musste. Halb Österreich schien zu wissen, wie es ihr als Kind in Gefangenschaft ergangen war und wie es ihr deshalb jetzt als Frau in Freiheit gehen musste. Ich wollte unbedingt mein eigenes Bild.

„Ich mache hier die Maske!", zwinkerte ich wenige Tage später meinem Kameramann zu. „Angenehm, Krüger, ich mache hier das Bild!" Ich hatte meine Wiener Kollegen darauf eingeschworen, dass sie mich beim Interview auf keinen Fall erkennen dürften. Die angereiste Kollegin hatte nicht den geringsten Schimmer, wer ich war. Kulturredakteure leben ja zum Glück in der ihnen ganz eigenen Welt. Da klopfte es an der Tür. Natascha Kampusch betrat den Raum. Sehr leise und sanft hauchte sie „Guten Tag". Ein Puppengesicht. Schon irgendwie erwachsene Frau, aber noch immer ein schüchternes Mädchen. Sie verhielt sich, als würde sie einer ganz bestimmten Vorstellung von sich selbst entsprechen wollen und dabei eben erst nach dem Text suchen. Wenn sie die richtigen Worte für sich fand, nickte sie unterstützend mit dem Kopf, so, als würde sie sich selbst applaudieren.

Ihr Entführer hatte ihr einfach so achteinhalb Jahre Kindheit geklaut. Wie sie wohl auf Thomas reagieren würde? Immerhin ja ein Mann (und wie wir ja wissen: nicht schwul!). Zu meinem Erstaunen schien sie kein bisschen entsetzt, als ich ihr Barbarossa präsentierte.

„Einen Mann als Kosmetiker hatte ich noch nie", hauchte Natascha. „Ich bin gespannt, jeder sieht in mir etwas anderes!" Aus ihr schien nicht nur die Faszination über den Moment zu sprechen, sondern gleichzeitig Melancholie – die in letzter Zeit oft gespürte Abneigung der Österreicher ihr gegenüber. „Ich kann ihre Fresse nicht mehr sehen!", hatte mir bei einer Kampusch-Straßenumfrage jemand ins Mikro fast gebrüllt. Wie konnte das sein? Natascha Kampusch war doch das Opfer! Allerdings: Wann immer sie vor die Kamera ging, hatte man für sie die immer selben Fragen reserviert: Warum war sie nicht schon früher geflohen? Was hatte sie mit ihrem Entführer wirklich? Zu diesen brennenden Fragen, die alle interessierten, ohne dass sie auch nur irgendjemanden etwas angingen, hatte Natascha Kampusch wohl zu oft die Fragen gesucht, aber die Antworten dann verweigert. Das nahm ihr nicht nur das Publikum, sondern auch die Polizei in Österreich übel. Dass sie es war, der unglaubliches Unrecht geschehen war, war zweitrangig.

Dazu trommelte die PR-Maschine. Eine Natascha-Oper, ein Natascha-Theaterstück, ein Natascha-Buch und ein Natascha-Film waren inzwischen auf dem Markt! Alle versuchten, das Thema „Kampusch" auszuschlachten. Geheime Akten zu ihrem Fall waren angeblich verschwunden. Ein mit dem Kampusch-Fall befasster Polizeibeamter soll Selbstmord begangen haben, ein Bundesheermitglied sogar erschossen auf einer deutschen Autobahn gefunden worden sein. Man hatte Mitwisser bis in höchste politische Kreise Österreichs vermutet. Sogar das FBI und der Deutsche Bundesnachrichtendienst beschäftigten sich mit dem Fall. Und stets konnte man sicher sein, dass die TV-Zentrale anrief und wir die alte Geschichte erzählen mussten: War es wirklich nur ein arbeitsloser Nachrichtenmechaniker, der sie 1998 entführte, weil er sie einfach für sich haben wollte, oder nicht doch ein Sexring? Kampusch war, was man in Sendungen wie „CSI" längst einen „Cold Case" nennen würde, aber über jedes neue Verschwörungsdetail wurde berichtet. Denn tauchte sie im Fernsehen auf, stimmten die Einschaltquoten.

Sie wirkte schon vor dem Interview erschöpft. Aber sie genoss die Dreisamkeit in der Maske. Wie kleine Kinder, die sich verkleiden, suchten wir Lidschatten und Lippenstift aus. Ich hatte das Gefühl, dieser Frau wenigstens für diesen Moment lang Freude verschaffen zu wollen. Freude am Leben, das ihr in Österreich nicht mehr selbst zu gehören schien. „Wissen Sie, die Zeit nach der Entführung habe ich mir immer ganz anders vorgestellt!", sagte sie plötzlich. Es war ein rührender Moment, denn es war ja tatsächlich kein Leben in Freiheit, das sie jetzt führte. Jetzt saß sie im zweiten Käfig, in dem der Öffentlichkeit.

Beim Interview später lauschten Thomas und ich in der Ecke. Meine Kollegin stellte längst gefragte Fragen, ohne der Person Natascha Kampusch auch nur ein klein wenig näherzukommen. Thomas kniff mir in den Arm und verdrehte solidarisch die Augen. Er wusste, ich hätte das Interview so gerne selbst geführt. Ich dachte an unser kleines Garderoben-Geheimnis und flüsterte zu ihm rüber: „Du Kosmetiker!"

„DDR-Wiener wieder im Sortiment!!!" stand auf dem Foto mit weißer Schönschrift auf die Glasvitrine einer Wursttheke gemalt, drei Ausrufezeichen. Ich schmunzelte bittersüß. Unter seinen Wursttheken-Schnappschuss hatte mein Freund Hagen in der E-Mail für mich geschrieben: „DDR-Wiener endlich wieder zu haben!!!" Sehr witzig, Hagen! Aber es stimmte ja. Ohne meinen Koffer in Berlin war Wien inzwischen, wenn auch ungewollt, zu meinem einzigen Zuhause geworden. Und als Ossi war ich, klar, eine DDR-Wiener. Doch, doch, ganz sicher. Selbst für Sprachpedanten wie Karl-Heinz musste es diesmal „EINE Wiener" heißen. Die Kurzbezeichnung „Wiener" stand ja in diesem Fall für „Wiener Wurst". Also jene Wiener, die man in Wien „Frankfurter" nennt und zu der man in Frankfurt und anderswo wiederum „Wiener" sagt. Streng genommen kann ein Wiener in Wien also gar keine Wiener, sondern nur eine Frankfurter bestellen. Weil es sich nämlich mit den Wienern genauso wie mit den Berlinern verhält. Die heißen auch fast überall „Berliner", nur ausgerechnet in Berlin heißen sie anders, da sind es „Pfannkuchen". Den verwechseln viele Wiener wiederum mit Eierkuchen, die aber hier eh „Palatschinken" heißen. Wurscht, überall gleich auf der Welt heißen wahrscheinlich eh nur Hamburger. Auf jeden Fall musste es „EINE DDR-Wiener" heißen.

Natürlich musste ich auch dem Kosmetiker den Wortwitz im Untertitel erst erklären. „Unter ‚DDR-Wiener' verstehen wir Ossis eine ganz besondere Qualität! Mit DDR-Gütesiegel quasi!", veredelte ich. „Dass man euch Wessis so was immer noch klarmachen muss!" Thomas, der beste unter den nichtschwulen Maskenbildnern, schüttelte jetzt grinsend den Kopf, als er mir mein Handy mit dem Foto zurückgab, und sagte: „Nur bist du halt keine allzu frische Ware mehr, nicht wahr!"

„Moment mal!", unterbrach ich, „‚DDR-Wiener' heißt ja nicht ‚eine VON damals', sondern ‚eine WIE damals': wie damals, zu DDR-Zeiten."

„Schatzerl ...", sagte der Kosmetiker jetzt, und natürlich hatte er nur auf das Stichwort gewartet, „... im Gegensatz zu den knackigen Dingern in der Wursttheke da bist du inzwischen bestimmt eine waschechte DDR-Wienerin! Und ganz sicher sogar aus den besten Rezepten und Zutaten des sozialistischen Arbeiter- und Bauernstaates. Aber selbst wenn, bist du doch sehr wohl eine DDR-Wiener VON damals, nicht wahr. Du hast doch wohl nicht dein Geburtsdatum vergessen, besser: das Verfallsdatum?" Thomas grinste zufrieden. Er selbst war fast vierzig, tat aber so, als hätte er, als Mann, für Familie ja noch alle Zeit der Welt.

Mit Mitte dreißig aber glich die Suche unter Secondhand-Männern doch bestimmt einem Wühltisch mit B-Ware. Eine eher trostlose Angelegenheit also. Erst recht in Österreich. Sollte ich hier einen Mann finden, dann müsste es dazu einer sein, den man in einem Jahr einfach einpacken und mitnehmen konnte mit nach Hause, mit nach Deutschland. Da konnte ich ja auch gleich Mikado mit Fichten spielen. Das Projekt „Mr. endgültig Right" würde ich für die Zeit in Wien also erst einmal ad acta legen müssen! Sollte ich mich allerdings jemals wieder trennen, würde ich dafür, wenn es irgendwie geht, einen anderen Termin wählen. Niemals mehr zum Winter hin, schwor ich mir! Ehrlich, so eine Trennung im Herbst war, schon rein terminlich betrachtet, eine glatte Fehlentscheidung. Da wartete nach dem ersten großen Kummer nicht dankenswerterweise heiter Sonnenschein. Nein, es begann der Vitamin-B-hemmende Abschnitt des Jahres, der mit der Kurzbezeichnung Winter. Depressionsfördernder Lichtentzug an viel zu kurzen Tagen. Zu allem Überfluss dann auch noch mit viel zu langen Nächten. Schlaflos und allein verbracht, boten sich diese nur zum Durchheulen an oder für nächtliche Sendungen wie Guido Knopps „History" auf Phoenix. Beides führte zu hässlichen Rändern unter den Augen.

„Da haben wir es! Torschlusspanik ist eine bewiesene Tatsache! Psychologische Studien haben das herausgefunden!" Das fehlte uns gerade noch, Thomas!

Wir saßen gerade in trauter Österreich-Deutschland-Runde beim Mädchenitaliener „Oliva Verde" im Achten. Hamburgerin Nina, Sofie, die Galeristin, Liebeskummer-Fiona und Birgit, eine Rechtsanwältin in Wien, die ich gerade bei einem Dreh kennengelernt hatte. Wir Mädels und Thomas. Wien tat das, was es in dieser Jahreszeit am besten konnte, es ließ sich Puderzucker auf seine Zuckerbäckerfassaden rieseln. Wir hatten gerade Rotwein und Pizza auf dem Tisch, als Thomas nun auch noch mit wissenschaftlicher Rückendeckung strotzte, uns Mädels schnellstmöglich unter die Haube zu kriegen.

„Die Wissenschaftler der Universität Texas", begann er seinen Vortrag, „haben Singles nachts in Bars die Attraktivität der anderen Besucher bestimmen lassen. Auf einer Skala von eins bis zehn. Sie haben um 21 Uhr die Leute befragt: ‚Wie gefällt dir der, wie die?' Einmal um 22.30 Uhr und schließlich noch mal gegen Mitternacht. Und jetzt stellt euch vor!" Thomas war aufgeregter als seine Zuhörer: „Den Versuchspersonen erschien das jeweils andere Geschlecht attraktiver denn je, je weiter der Abend voranschritt. Und nein, ihr braucht gar nicht so zu gucken. Alkohol war nicht im Spiel."

„Da bräucht' i mir also meine Opfer gor net mehr schönsaufn, schönschaun reicht völlig aus!" Sofie landete den ersten Lacher am Tisch. „Nein, nein ...", Thomas versuchte, die Kurve zu kriegen, „das heißt erst mal nur, wenn die Uhr tickt, also je knapper die Zeit bis zum Verfallsdatum, desto mehr kommen auch hässliche Kerle infrage. Nichts anderes ist ja wohl Torschlusspanik."

„Du meinst, bevor sich am Ende noch eine von uns in dich verliebt, sollten wir uns lieber frühzeitig einen schönen Mann suchen?" Fiona brach in ihr Lachen aus, das versuchte, einen Dreiklang mit Pferdewiehern zu kombinieren, und wir Mädels prosteten uns zu.

„Hahaha!", äffte Thomas „Ich meine nicht mich! Ich meine, jetzt habt ihr noch die Wahl! Jetzt oder nie mehr! Sagt die Studie! Also husch, husch, meine Damen!"

„Was man bei uns in Wien aber als ‚huuusch, huuusch', also völlig ohne Tempo, ausspricht!", korrigierte Birgit, und alle lachten wieder, nur Thomas machte sein Hahaha-Gesicht.

Ich hoffte, die Diskussion friedlich zu beenden. „Na, immerhin wissen wir dank der Texaner jetzt, dass der Satz wirklich stimmt: Je später der Abend, desto schöner die Gäste!"

Aber Birgit mahnte: „Kommt's dann am Ende bloß net alle zu mir in die Ordination, wenn's dann ans scheiden lassen geht!" Thomas aber ließ nicht locker. Schließlich hatte er gleich zwei Singles am Tisch, die seiner Meinung nach dringend den Mann fürs Leben benötigten. „Wenn man gleich beim ersten Rendezvous während des Essens eine Stoppuhr neben sich hätte. Wie beim Schach, damit ein bissl mehr Druck ..."

„Thomas! Lass es gut sein!", sagten wir im Chor.

Im „Jenseits" dann, Ecke MaHü, im herrlich aufgebrauchten Ambiente eines pensionierten Stundenhotels, wo wir den Adventsabend fröhlich ausklingen ließen und schon fast den Morgen begrüßten, war dann nicht mal mehr für unseren „Kosmetiker" verwendbares Material für seinen ultimativen Torschlusspanik-Test vorhanden.

„Jedenfalls nix, was man sich irgendwie schöngucken könnte", mäkelte Thomas neben mir, den Blick zur Tanzfläche gerichtet. Ich gab ihm recht: „Nee, so spät kann der Abend nicht mal im ‚Jenseits' werden!"

Aus der Würstelbox, die zur Feier des Jahres ihre gelbe Leuchtschrift mit einem kleinen bunt blinkenden Plastikweihnachtsbaum aufgepeppt hatte, drang gerade der traurige Schunkelschlager „Aaner hot imma des Bummerl ... Aaner muss imma verliern ...". Alex wusste jetzt, mitzuteilen, dass Österreicher um diese Jahreszeit die meisten Selbstmorde begingen. „Schlechte Zeiten für Statistiker, was?", fragte ich. Aber die Stimmung war bereits auf dem Gefrierpunkt. In Wien war es draußen auch so schon empfindlich kalt, doch es zog mich noch oft auf eine Eitrige rüber zur

Würstelbox. Vielleicht auch nur auf das tröstende Gefühl, irgendwo nach Hause zu kommen.

„Wisst ihr, was ich festgestellt habe?", versuchte ich erste Wiederbelebungsversuche. „Wenn es mehr Suizide als Unfalltote gibt, dann heißt das doch nur, wie sicher das Land ist. Österreich ist eben doch das bessere Deutschland."

„Na, wenn du des sogst! Austria, the better Germany!", ulkte Alex und nahm einen Schluck aus der Dose. Stille.

„Oba inzwischen seid's ihr Deitschen ja überall!", sagte Helmut. „40 000 Deitsche. Mir ham a Invention!"

„Invasion!", korrigierte Alex.

Irgendwas hatte Helmut wohl den Abend verdorben. „Sogar im Burgtheater – alles Deitsche!"

„Ins Burgtheater?", sagte Alex und schüttelte den Kopf, „geh, Helmut, da gehst do gor net hin!"

„Na, weil da olles Deitsche san!", verteidigte sich Helmut.

„Seht mal", sagte ich, „nirgendwo sonst auf der Welt gibt es so tolle Kaffeehäuser wie in Wien. Also, wenn ich mir jetzt mal den Kaffee wegdenke. Und nirgends so herrlich grantige Ober. Und sogar das Wetter ist besser bei euch in Wien als bei uns. Über 2000 Sonnenstunden pro Jahr! Das schafft bei uns nicht mal die sonnigste Stadt Deutschlands, Freiburg im Breisgau!"

„Aber heit", raunzte Alex, „heit hot's grad amol zwaa Krügerl im Schatten." Es war saukalt und nichts zu machen. „Vierzehn Gehälter!", legte ich nach. „Die Arbeitslosenquote – die niedrigste in ganz Europa!" Ich kam mir vor wie bei Dalli Dalli. Keine Reaktion.

„Das Bruttoinlandsprodukt höher!" Schulterzucken.

„Und beim Fußball gewinnen wir gegen euch auch immer – schon deswegen mögen Deutsche Österreich."

Die Eiseskälte in Alex' Blick ließ die Außentemperatur jetzt unter null sinken. „Córdoba!", sagte er nur. Das konnte jetzt selbst für Froilleins wie mich gefährlich werden. Fußball in Österreich war ein wunder Punkt.

Córdoba und Königgrätz. Für uns Deutsche sind das, wenn überhaupt, unbedeutende Ortsangaben. In jedem Österreicher aber lösen sie gleichzeitig Magengrummeln und Herzrasen aus. Das eine, Königgrätz, beschreibt die militärische Niederlage Österreichs gegen Preußen anno 1866, die mit dem Piefke. Die andere, Córdoba, den Sieg über die deutsche Fußballnationalmannschaft 1978, bei einem WM-Turnier. Das ist zwar schon mehr als eine Generation her, trotzdem kennt in Österreich jedes Kind das Datum und die Worte des Reporters nach dem Tooooor: „I wer' narrisch!" Das Wunder von Córdoba vom 21. Juni 1978, dieser letzte Sieg gegen die deutsche Fußballmannschaft damals in Argentinien, ist bis heute österreichisches Kulturgut. Das Dumme für Österreicher: Die Deutschen wissen mit Córdoba nichts anzufangen. Ihre ignorante Unwissenheit verdirbt also auch noch das bisschen Freude an diesem einen historischen Sieg.

Fußball-EM in Österreich sei wie Skispringen in Namibia, hieß es inzwischen. Österreich rangierte in der FIFA-Weltrangliste auf den Plätzen 50+ hinter Ländern wie Burkina Faso. Meist verlor Österreichs Elf schon, bevor ein Turnier überhaupt losging, schon während der Qualifikation (Aaner hot imma des Bummerl ... Aaner muss imma verliern ...). Bei der EM 2008 hatte Österreich überhaupt nur deshalb teilnehmen dürfen, weil es Gastgeberland war. Und in regelmäßigen Abständen musste sich Österreich auf dem Rasen aufs Schafott begeben, gegen die Deutschen. Die FIFA nennt das „Freundschaftsspiele". Aber der Córdoba-Effekt – dieses eine Mal die Deutschen besiegen – heute, sagen sich die Österreicher, wenn wir sie nicht besiegen, dann sollen verdammt noch mal die anderen das für uns erledigen.

„Ihr gewinnt's net imma!", sagte Alex und bezahlte bei Annie sein Bier. Ende des Gesprächs. Irgendwann musste ja jeder von uns auch mal nach Hause.

Eisiger Ostwind peitschte zwischen den Häusern. Die Bäume wirkten wie erfroren. Ihre Blätter auf ewig verschwunden. Die Stadt war ohne Sonne, an manchen Tagen jetzt grau und beinahe hässlich. Wien brauchte das Licht. Der Margaretenhof dagegen war wie eine Insel. Schneebedeckt und laternenbeleuchtet glich er dagegen erst recht einer Hollywoodkulisse. Aber es bedeutete mir nichts. Wenn ich jetzt aus dem Wohnzimmerfenster sah, dachte ich immer: Schade, dass Max das nicht sehen kann. Vor mir lag die eindeutig härteste Strecke des Jahres. Die mit den heiklen Dezember-Terminen. Ich konnte wegen des Bereitschaftsdienstes nicht mal die Stadt verlassen. Am Valentins- oder Muttertag hielt man sich einfach für eine Woche von Blumengeschäften und dieser Wie-schön-dass-es-dich-gibt-Werbung fern. Aber vor Weihnachten und Silvester? Da stieß man wochenlang auf heile Welt, pärchenweise natürlich. Auf Weihnachtsmärkten, in Schaufensterregalen und in Fernsehschmonzetten. Überall wurde man mit dem eigenen Mangelzustand konfrontiert. Und, O-du-Fröhliche-Wien, wie wurde die Weihnachtszeit in dieser Stadt zelebriert. Nicht nur der Graben am Stephansdom hatte riesige romantische Kronleuchter verpasst bekommen und strahlte wenig nachhaltig wahrscheinlich wie Erichs Lampenladen. Jeder Wiener Gemeindebezirk garnierte sich kugelbunt. Bei mir in Margareten glühten jetzt lustige Margeritenblüten. Überall in Wien wimmelte es vor putzigen Weihnachtsmärkten. Rathaus, Prater, Schönbrunn. Die ganze Stadt wirkte beschillert wie ein einziger Weihnachtsbaum. Darunter liefen Wiener wie Touristen natürlich nur noch in händchenhaltenden Zweierreihen. Ab und an fuhr ich abends nach der Arbeit die Höhenstraße rauf zum

Kahlenberg. Der Blick oben am Cobenzl verschaffte Abstand, eine kleine Verschnaufpause vom übertriebenen Trubel. „Happy New Year!", würde es bald heißen, und ich fragte mich: „Frohes Neues!" – wie lange muss man das eigentlich wünschen?

„Nix da mit tristem ‚Dinner for one'!" Birgit lud vor Heiligabend zum Weihnachtsbaumaufputz. Denn das Schmücken des Prachtexemplars, das ihr Göttergatte jedes Jahr von Hand erlegte, ließ Frau Rechtsanwältin traditionell von Freunden erledigen. Als Sofie und ich wie zwei herrenlose Streuner in der Reihenhaussiedlung im 12. Bezirk eintrafen, hatte Birgit tatsächlich zwei ihrer Exfreunde zum „Hängen" engagiert.

„Ich liebe es, all diese Kugerln und Engerln zu kaufen, aber des Aufputzen müssn andre für mi mochn!", trällerte Birgit, während sie uns die Zutaten für den Abend reichte: jede Menge Kisten und Kartons. Ich hatte früher nie darüber nachgedacht, die Weihnachtsbaum-Regie anderen zu überlassen. „Ihr kriegt was Gutes zu trinken und zu essen, und dafür habe ich am 24. den lästigen Kugelkram erledigt!", freute sie sich. Beim Anblick von all den Schleifchen in den trendigen Saisonfarben Eisblau und Zartrosa dachte ich nur: Der Kitsch-Professor hatte bestimmt recht. Gemessen an all dem Firlefanz hier musste Birgit einen wirklich harten Alltag in der Kanzlei haben.

Dort hatte Birgit vor allem ein Händchen für Väter. Sämtliche Männer im Raum waren ehemalige Mandanten von ihr. Sie waren der Scheidungsanwältin, hübsch der Reihe nach, in ihrer Ordination am Stephansplatz in die Arme gelaufen. Den aktuellen Göttergatten hatte sie natürlich auch in ihrem Anwaltsbüro kennengelernt. Wie sie sagte, erst als Mandant und dann fürs Leben übernommen.

Schon clever, dachte ich, als ich die Kerle zwischen all dem

Weihnachtsklimbim sitzen sah. Als Anwältin kennt man nach so einer Scheidung nicht nur die Ex des Neuen bestens, sondern dazu auch sämtliche Vermögensverhältnisse, Marotten und den Garstigkeitsfaktor des Potenziellen für den Fall, dass man sich mal selbst von ihm trennen sollte.

Als sich Michael und Martin artig per Handschlag vorstellten, fielen mir als Erstes zwei brandaktuelle Würstelbox-Umfragen ein. „Österreichische Männer zwischen dreißig und neununddreißig schlafen zu sage und schreibe dreizehn Prozent noch immer in ihrem Kinderzimmer daheim", flüsterte ich Sofie zu, „und die allerunglücklichsten Menschen in Österreich sind Singlemänner über vierzig, am unglücklichsten die nach einer Scheidung." Michael war 38 und Martin vierzig. Sofie und ich hatten also die Wahl. Martin war tatsächlich geschieden. Und unglücklicher geht's kaum: Seine Frau hatte ihn noch während der Hochzeitsnacht verlassen. Zwischen fünfzig Kugeln Eisblau und zwanzig zartrosafarbene Engel passte die Geschichte. Er hatte seinen Sohn schon zehn Jahre nicht mehr gesehen, nur Monat für Monat Unterhalt gezahlt.

„Sechzehn Anträge bei Gericht hamma gstöllt, die Kindesmutter zum Einhalten der Besuchstermine zu zwingen – ohne Erfolg", erzählte Martin. Noch in der Küche rief Birgit: „Tja, leider sprechen Richter in Österreich die Kinder immer noch der Frau zu." Und Martin, der gerade versuchte, einen kleinen weißen Engel an der viel zu großen Tanne zu befestigen, sagte resigniert: „Unsere Richter denken immer noch traditionell: Kinder gehörten zur Mutter."

Birgit kam jetzt mit einer Flasche Roter Muskateller zu uns ins Wohnzimmer. „Nirgendwo sonst in Europa sind Familienrichter so konservativ. Wenn die Mutter die Besuche beim Vater boykottieren will, kann sie das völlig ungestraft, in Österreich muss sie keinen Richter fürchten ... Och, das macht ihr aber schön ...", sagte Birgit, sah auf den Weihnachtsbaum und dann wieder zu mir. „Kenne ich den Richter, weiß ich schon vorher, wie der Obsorgeprozess ausgeht – meist zulasten des Vaters!" Martin hatte die letzte SMS von seinem Sohn noch auf seinem Handy gespeichert: „Lieber Papa, das Eislaufen war ganz toll!" Als er es geschrieben hatte, war Martins Sohn acht Jahre alt, inzwischen war er achtzehn. Liebevoll betrachtete Martin die SMS. Er wusste nicht mal, ob sein Sohn jetzt sportlich oder musikalisch, dick oder dünn ist oder ob er ihm vielleicht ähnlich sah.

„Dass Expartner ihre Konflikte über die Kinder austragen, das gibt's bei uns in Deutschland leider auch oft", versuchte ich, irgendwie tröstende Worte zu finden. „Ja, nur, dass hier", meinte Birgit in dem überzeugenden Ton einer Rechtsanwältin, gleichzeitig schwungvoll unsere Weingläser befüllend, „die Richter noch in das alte Rollenbild verstrickt sind. Bei uns ist die Frau zu Hause, der Mann geht arbeiten. Unsere ganze österreichische Gesellschaft ist darauf ausgerichtet. Wir sind viel konservativer als ihr Deutschen." Österreich war sehr viel konservativer als Deutschland in der Rollenverteilung, das stimmte. Im Land von „Küss d' Hand, gnä' Fra'" wurde uns zwar reflexartig die Tür aufgehalten und in den Mantel geholfen, aber genauso wenig gern in die Chefetage – wie in Deutschland auch. Andererseits bot Wien immerhin einen kostenfreien Kindergartenplatz, da waren wir mit unserer deutschen Diskussion zur Herdprämie ganz weit hinten. „Na ja", sagte ich, „ihr könntet doch wenigstens mal die Frauen im Restaurant bezahlen lassen!" Die Männer schüttelten jetzt entsetzt den Kopf.

„Wenn die Statistiken von deiner Würstelbox stimmen", flüsterte mir Sofie zu, „dann wohnt Michael mit 38 jetzt noch zu Hause bei Mutti." Eine traurige Geschichte pro Abend aber reichte. Alle zusammen hatten wir einen unterhaltsamen Abend, und am Ende strahlte ein fröhlicher Patchwork-Weihnachtsbaum für Birgit. Nur die bunten Kondome, die wir später wohl nicht mehr ganz nüchtern noch an den Baum drapierten, mussten wieder runter. „Um Gottes willen", stürmte Birgit den Baum, „Oma Gerti kommt morgen zur Bescherung. Und die hat doch gerade ihre Augen lasern lassen."

Weihnachten in Wien wurde so nicht gerade ein Kinderspiel, aber viel entspannter, als ich dachte. Das Weihnachtsessen verbrachte ich bei Dollezal und seiner betagten Frau Mama und den besten böhmischen Knödeln meines Lebens. Anderntags bei den Hamburgern Nina und André, die traditionell ganz ohne Familie, dafür mit Freunden feierten, egal in welcher Stadt sie gerade waren: „Bekommt uns einfach besser, Gans ohne Familie."

Selbst an Silvester konnte es Mitternacht schlagen, ohne dass wir Mädels einen Weinkrampf bekamen. Die Korken ließen wir vor dem schönsten Rathaus der Welt knallen. Wiens Winter hatte eine kleine Pause eingelegt und uns die Party draußen beim Stadtoberhäupl gegönnt. Und hier lagen sich um Mitternacht nicht nur Pärchen mit „Prosit Neujahr!" in den Armen. Hier tanzte um Mitternacht gut gelaunt der ganze erleuchtete Rathausplatz, jeder mit jedem, zum Kaiserwalzer!

Jänner
Habedehre

„EINEN WEIN DAZU?" Ich nickte. Wein zum Essen, das hatte ich inzwischen begriffen, das ist für Österreicher so etwas wie ein Naturgesetz.

„Rotwein?", fragte Michael, und wieder nickte ich. Das war völlig risikolos, schließlich hatte ich noch keinen Österreicher erlebt, der sich nicht auf der Weinkarte zurechtfand. Konservativ und galant zugleich bestellten Männer in Wien auch gern in aller Öffentlichkeit für die Frau am Tisch. Dieses für deutsche Frauen eher unangenehme, schwülstig-antiquierte Verhalten galt in Wien als Etikette. Es dauerte eine Zeit, aber mittlerweile hatte ich mich daran gewöhnt. Genauso wie an das hartnäckig-aufdringliche In-den-Mantel-helfen-Wollen oder an das verbissen-verkrampfte Einer-Frau-immer-die-Tür-Aufhalten. In Kombination mit einer Deutschen war es zwar eher dazu geeignet, vor der Restauranttür einen Unfall zu provozieren, als Punkte zu sammeln, aber die Wiener ließen da nicht locker.

Und so hängte ich mir mein Mäntelchen der Emanzipation inzwischen sehr gerne dahin, wo ich es gerade brauchen konnte: in Wien an die Garderobe. So ein delegierter Bestellvorgang bewahrte mich immerhin vor peinlichen Lesefehlern und anschließenden Däpfel-Dialogen mit dem Ober. Mittlerweile griff ich auch nicht mehr hastig selbst zur Jacke, sondern hatte das gewisse Timing bei Tisch verinnerlicht: zum Verlassen des Lokals langsam aufstehen, selbst wenn er gerade hektisch vom Tisch aufstürzt. Den Stuhl in Zeitlupe an den Tisch schieben und ruhig und entspannt, und mit leicht versonnenem Lächeln abwarten, bis er mit den Armen voller Stoff zurückkehrt. Es war ganz einfach. Und im Zweifel genügte ein Augenaufschlag, um jeden Mann in Wien an seine hier heiligen Pflichten zu erinnern.

So selbstverständlich, wie Michael mir eben noch aus dem Mantel half und wie er gerade für mich mit bestellte, dachte ich, sah er es womöglich als Beleidigung an, wenn ich nachher selbst oder gar für ihn mit bezahlte. Das nun war wirklich ein leidiges Thema in Wien, an dem ich noch arbeitete.

Michael – blonder Dreitagebart, geschiedener Pilot, noch keine depressionsfördernde vierzig Jahre alt und: Er wohnte nicht mehr zu Hause bei Mutti. Er hatte sich nach unserer Kugel-Orgie von Birgit meine Telefonnummer geben lassen und mich gerade zu Hause abgeholt, wie sich das ebenfalls sehr gehörte in Wien.

Der Jänner hatte gerade fast genau so wie in Deutschland begonnen, mit dem Neujahrskonzert der Wiener Philharmoniker im Fernsehen, nur eben diesmal fast in Hörweite und mit einer riesigen Portion Kaiserschmarrn mit den Mädels und dem Kosmetiker im Margaretenhof. Natürlich nicht ohne die lieben guten Vorsätze: Fiona, noch im Endjahres-Delirium, hatte einen Personal Trainer für sich und ihren Body-Mass-Index engagiert, Sofie beschloss, als Bergwanderführerin nicht länger reiche Russen durch die Galerien zu schleppen. Und Thomas träumte wenig romantisch von einer zusätzlichen Planstelle im Theater, weil er nicht wusste, wen in seiner Abteilung er im neuen Jahr entlassen sollte, aber musste. Mein Vorsatz lautete schlicht: Offen sein für neue Menschen. Selbst, wenn es Wiener sind. Schon deshalb hatte ich, ohne nachzudenken, Michael zum Essen zugesagt.

Inzwischen waren wir in einer der verwinkelten und wohnzimmerbeleuchteten Gassen im 1. Bezirk beim Italiener und dort bei der Bestellung angelangt. Michael näselte sein Wienerisch, wenn auch dezent. Hietzing, 13. Bezirk, tippte ich. Die sind dort etwas vornehmer, hieß es, weil näher dran an Schloss Schönbrunn. An Michaels blauem Jackett glitzerten allerdings Goldknöpfe, und spätestens beim Einstecktuch musste ich an Mottenkugeln denken. Wie routiniert er jetzt die Weinkarte zuklappte, beobachtete ich, und wie elegant er den Ober zu sich winkte. Mal sehen, welchen Rotwein er für mich bestellen würde.

„Für die Dame bitte einen Lambrusco!" Ups, na das gab schon mal Punktabzug. Selbst ich Wein-Analphabet wusste: Nach Rotwein fragen und anschließend Lambrusco bestellen, das entsprach der Kategorie, sich in Wien auf einen Kaffee zu verabreden, um dann im Starbucks bei einem „Tall Latte" zu landen. Fauxpas! Ich war so perplex, dass ich nicht mal einen Einspruch wagte.

Michael selbst trank keinen Rotwein, wie er sofort bekannte, auch derzeit sonst keinen Alkohol. Er war einer dieser neuen Selbstoptimierer. Er hatte so ein Gerät bei sich, mit dem er ständig seine Schritte zählte. Das aufzeichnete, ob er ausreichend schlief, einmal pro Woche seinen Diättag einhielt und wie viele Meter er auf dem Weg zur Arbeit zu Fuß zurücklegte. Selbst beim Sex trug er das Ding. Wegen der verbrannten Kalorien, sagte er. Ob das zu wissen wohl gut war, gleich nach dem Lambrusco?

„Übt das Ding denn keinen Leistungsdruck auf dich aus?", wollte ich wissen. Michael zückte dauernd sein Handy, wahrscheinlich um nachzusehen, wie viel er während des letzten Satzes verbrannt hatte.

„Nein, ich übertreibe es schon nicht", erklärte Michael die eigene Nabelschau, „das Teil hilft mir einfach, meine alltäglichen Erfolge sichtbar zu machen. Mir sozusagen vor Augen zu führen, ob ich heute gut genug war. Und wenn ich alle Ziele erfüllt habe, gönne ich mir hier und da auch schon mal einen kleinen Ausrutscher."

Ich dachte an meine Kindheit. Meine Oma Elli servierte früher immer so herrlich dicke Sahnetorten und vorher fetten Schweinebraten. Kein Mensch dachte damals dabei an Cholesterin, Kalorien oder Kilometer. Heute aber mahnte zwischen den Gängen eine App: „Du isst jetzt im roten Bereich, ich empfehle dringend, die Aufnahme von Nahrungsmitteln umgehend einzustellen!" Na toll! So etwas konnte doch nicht froh machen, dachte ich. Mit sich selbst um die Wette schlafen schon mal gar nicht.

Michael erzählte gerade begeistert von seiner Schuhsammlung, als mir zum ersten Mal die Frage in den Sinn kam, wie lange meine Anwesenheit bei diesem Essen wohl höflich genug wäre. Da kam der Lambrusco. Wenn ihm ein Paar passte, kaufte er immer gleich ein weiteres dazu, erzählte Michael, als hätte er wochenlang keinen zum Reden gehabt. Er holte einfach keine Luft zwischen seinen Gedanken, als trainierte er fürs Apnoesprechen. Ich übte, interessiert zu gucken, ohne hinzuhören, und nippte vorsichtig am Lambrusco. Als er am Rande des nächsten Satzes jedoch von seinen vier Kindern erzählte (in Worten: VIER), verschluckte ich mich fast am Blubberwein.

„Ich weiß noch nicht einmal, ob das letzte wirklich von mir ist!" Die Info kam so beiläufig, als würde es sich nicht um seine Kinder, sondern um Gratisproben vom Ausverkauf handeln. Weil bei Michael aber alles optimal verlaufen musste, hatte er auch seine Unterhaltszahlungen an seine Exfrau optimiert. Das sei ganz einfach. „Ich habe mich zum Pilotenstudium in den USA angemeldet und mir einen Wohnsitz in Wisconsin zugelegt." Natürlich war Michael stolz auf diesen cleveren Zug. Zwar wohnte er nach wie vor im 1. Wiener Bezirk, gleich um die Ecke also, aber als US-Student käme

er um die Unterhaltszahlungen in Österreich „ummadum",
also drum herum.

Ich hatte plötzlich das dringende Bedürfnis, mit Birgit zu
telefonieren. Eine von uns beiden musste für diesen Abend
haften. Und trotz noch so guter Vorsätze, fand ich, sollte ich
es mit Experimenten wie diesem auch nicht gleich über-
treiben. Ich täuschte einen Anruf aus der Redaktion vor.
„Die Rechnung übernehme ich natürlich!", sagte ich zum
Abschied. „Wirklich schade um den Lambrusco!"

Als ich wenig später mit den Mädels in der „HALLE" im
Museumsquartier saß (das die Wiener mit MQ abkürzen)
und noch brühwarm vom Date mit Wien-Wisconsin erzählte, sagte Fiona in ihrem XXL-Cocktail rührend nur: „O Gott,
no so a'n Ernährungsfetischist, und vermehrt hat er sich a
no. Die Neue von Philipp ist jetzt angeblich a glutenfrei."
Philipp war ihr Ex, der beschlossen hatte, statt mit der
klugen Fiona lieber mit seiner niedlichen Sekretärin glücklich zu werden. „Heißt des eigentlich Gluuten oder Glu-
teen?", fragte Sofie dazwischen. „Egal", sagte Fiona lachend,
„Philipp sucht jetzt Internet und Universum nach jedem
Krümel ab, damit sich in den Gedärmen seiner Liebsten ja
kaa Lüfterl verirrt ...! Sie nimmt nur handgeschöpftes Wossa
zu sich und kaa tierisches Eiweiß. Die ist sozusagen ganz-
heitlich nachhaltig und ihre Verdauung ökologisch wertvoll."
Fionas Lachen wieherte durch die HALLE. Sich selbst murmelte sie dann aber hinterher: „Wusste gor net, dess ihn so
wos reizt."

„Tja ...!", lautete mein hart erkämpftes Fazit nach diesem
Abend: „Manche wollen eine zweite Chance und hatten noch
nicht mal die erste verdient!" Das sollte jetzt natürlich nicht
für alle Wiener gelten. Schließlich wirft man seine guten
Vorsätze nicht gleich im Jänner über Bord.

Auf dem Weg vom MQ nach Hause konnte ich das Kunsthistorische Museum erhaben leuchten sehen. Dort irgendwo stand die „Saliera", ein antikes Behältnis eines Florentiner Goldschmieds von 1543. „Salzfassl" nennen es die Wiener. An ihm wurde Österreichs berühmtester Kunstraub verübt. Laut FBI war es damit unter den Top 5 der teuersten geklauten Kunstobjekte aller Zeiten. Drei Jahre lang war der auf fünfzig Millionen Euro geschätzte Salzstreuer verschwunden. Und an der Geschichte seines Räubers konnte man viel lernen über Österreich.

Robert Mang, Experte für Alarmanlagen, war eines Tages einer italienischen Reisegruppe ins Kunsthistorische hinterhergestampft und hatte mit geübtem Kennerauge festgestellt: Die Saliera war nur notdürftig gesichert. Ob „blunzenfett" (total betrunken), wie Mang zu seiner Verteidigung später behauptete, oder auch nur mit einem „Damenspitzerl" versehen, also leicht angeschickert, fasste der Alarmanlagenexperte einen Entschluss. Wer weiß, womöglich hatte er sich den Mut dafür unweit vom Museumsquartier zusammengetrunken, im legendären „Café Bendl" vielleicht, drei Treppen unterhalb der Landesgerichtsstraße. „Bück dich" heißt das Bendl deshalb auch. Vielleicht hat Mang dort sogar neben Klaus Maria Brandauer gesessen. Man sollte jedenfalls nicht allzu sehr überrascht sein, den Schauspieler dort zu treffen. Es ist zumindest ein Beisl, das samt Jukebox um drei Uhr morgens noch geöffnet hat. („Gemma Bendl!")

Am frühen Morgen des 11. Mai 2003, um 3.45 Uhr, beschloss Mang jedenfalls, zum Museum zurückzukehren, über das Baugerüst ebendort einzusteigen, die gepanzerte, aber nur mäßig gesicherte Vitrine zu zerschlagen und das mit Neptun und Dreizack verzierte Salzfassl zu entwenden.

Dabei brauchte man als Täter nicht nur ein besonderes Verständnis der professionellen Anbringung einer Alarmanlage, sondern musste ebenso die erstaunliche Nachlässigkeit des durchaus vorhandenen, aber eben nicht gerade hoch motivierten Sicherheitspersonals kennen. Dieses nämlich ignorierte den von Mang ausgelösten Alarm komplett, in der (freilich irrigen) Annahme, es handle sich um einen umherirrenden Besucher der alljährlich stattfindenden „Langen Nacht der Musik", die gerade in Wien zu Ende gegangen war. Fehlalarm also: „Wird' scho nix passiert sein. Da mochma jetzt amol gor nix, da bleima picken im Sessel!" Das Wachpersonal blieb gemütlich im Kammerl hocken. Mang aber, der soeben zum Kunstdieb avancierte Alarmanlagenfachmann, verstaute die erlegte Beute in einem Sackerl (worin auch sonst) und legte sich keinen Kilometer vom Museum entfernt wenig später ins Bett und das Salzfassl darunter. Der fünfzig Millionen Euro teure Salzstreuer jedenfalls war weg.

Als die Putzfrauen im Museum am nächsten Morgen effektiver Alarm schlugen, als sie sich angesichts der leeren und zertrümmerten Vitrine natürlich fragten, ob ihr Staubwedel hier wohl noch viel Sinn macht, rekonstruierte Wiens Polizei: Das Ganze könne nicht mehr als 46 Sekunden gedauert haben. Es käme nur ein international agierender und äußerst versierter Kunsträuber-Klub infrage, ein Raub, geplant von langer Hand. Dass ein Österreicher die Saliera im Suff geklaut haben könnte, spielte selbstverständlich bei den Ermittlungen keine Rolle. Als ganz Wien darüber plauderte, warum ausgerechnet das Kunsthistorische Museum nur museumsreif gesichert war wie ein Würstelstand (womit man höflich den etwaigen Rücktritt des Museumsdirektors ersuchte, der natürlich, wie in Österreich üblich, im Amt blieb), wurde sogar Mang als Alarmanlagenexperte im Radio befragt. Er ließ kein gutes Haar an den Sicherheitsstandards im Museum. Nun, Mang musste es ja wissen.

Seine Geschichte aber endete tragisch. Tragisch deshalb, weil ausgerechnet Alarmanlagenfachmann Mang Opfer einer Überwachungskamera wurde. Als er Monate später zehn Millionen Euro von der Versicherung erpresste und seine Erpresser-SMS stets mit Dank „für die gute Zusammenarbeit" schloss (ein Dieb, der auf den guten Ton Wert legt – merke: Wer sich in Österreich mit dem Gesetz anlegt, pflegt dennoch gewisse Umgangsformen. Wenn schon kriminell, dann bitte mit Stil!), hatte der innere Alarm des Alarmexperten ganz offensichtlich versagt, als er in einem videoüberwachten Mobilfunkgeschäft in der Mariahilfer Straße ein Wertkartentelefon erstand, von dem aus er seine zwar sehr höflichen, aber dennoch strafrechtlich relevanten Erpresserbotschaften versendete. Auf den veröffentlichten Aufnahmen wurde Mang von Bekannten sofort identifiziert. Sie hatten aber freundlicherweise nur bei Mang selbst und nicht gleich bei der Polizei angerufen. Mang stellte sich daraufhin und führte die Beamten zum Versteck im Waldviertel. Seiner versuchten Einlassung, er habe damals doch nur die Sicherheitsvorkehrungen im Museum testen wollen, also nur Gutes im Sinn gehabt, wollten die Richter des Obersten Gerichtshofs nach nunmehr vier Jahren Mang'scher Sicherheitsexpertise nicht mehr recht folgen. Sie verurteilten Mang zu fünf Jahren Haft, von denen er jedoch nur die Hälfte absaß. Wen wundert's, bei seinen Umgangsformen kam er wegen guter Führung früher raus. Mang, der Gentleman-Gauner soll während seiner Jahre im „Häferl" (wie der Österreicher seinen Knast nennt) jede Menge Heiratsanträge bekommen haben. Und wie es sich eher für eine Operette als für einen wahren Kriminalfall gehört, versuchte auch das sonst eher abseits gelegene Waldviertel, als neue „Salzfass-Metropole" Profit aus der Geschichte zu ziehen. Man dachte ernsthaft an eine touristische Ausgrabungsstätte, und der

Waldbesitzer, in dessen Wald die Skulptur mehrere Monate verbuddelt war, ließ sich vorzugsweise kniend vor dem inzwischen bekanntesten Erdloch Österreichs ablichten. Robert Mang hatte einen Ort über Nacht weltberühmt gemacht, aber nur für kurze Zeit. Eine Ebay-Anzeige streute irgendwann noch einmal Salz in die Wunde. Bei einem Schnäppchen-Anfangsgebot von nur einem Euro versteigerte jemand tatsächlich drei Kilo „original Erde vom Saliera-Fundort", angeblich selbst geschaufelt.

Solche und andere Geschichten gab es reihenweise vom Kitsch-Professor. Mit Jens hatte ich schon etliche Theater und sämtliche Musicals der Stadt besucht und im Auto anschließend meist die Lieder des berühmtesten aller Kärntner, Udo Jürgens, gegrölt. „Ich war noch niemals in New York" oder „Siebzehn Jahr, blondes Haar!". „Du bist der einzige Mann in meinem Leben", sagte ich gerade zum Professor, „der nicht mal vor Titeln wie ‚Blond' und ‚Elisabeth' zurückschreckt!" Da überreichte er mir aus dem Fanshop einen pinkfarbenen Bleistift mit rotem Puschel als Andenken an den Abend, um mir kurz darauf die Konfliktlosigkeit trivialer Massenkultur, die gesellschaftlichen Vorteile von Sozial- und Religionskitsch und schließlich, dann aber schon nach mehreren Achterln Veltliner, die Phänomenologie und Psychologie des Gefühlserlebens zwischen Winnetou und Gartenzwerg auseinanderzuklamüsern.

Schon von Berufs wegen hatte der Professor in Wien Kontakte zu Wissenschaftlern. In seinem eigenen Salon aber, einem eher nüchternen Gelehrten-Wohnzimmer, immerhin mit Blick auf Schloss Schönbrunn, traf man zwischen Regalen voller Fachliteratur auf wirklich spannende Persönlichkeiten und eben auch auf aufregende Geschichten.

„Salons sind eine grandiose Erfindung. Du musst unbedingt kommen", schwärmte der Professor, als er mich das erste Mal zu sich einlud. Jeder, der in Wien was auf sich hielt, schien einen Salon in der Stadt abzuhalten.

Eigentlich waren sie ja schon um die Jahrhundertwende als private Kreise entstanden, für Diskussionen über Kunst und Literatur, über Politik und Philosophie. Den Wunsch nach intellektuellem Austausch im Wohnzimmer hatten zwar meist Männer. Salonière dagegen waren oft Frauen. Berta Zuckerkandl, Tochter eines Wiener Zeitungsverlegers, war wohl Wiens berühmteste Salonière, sie gründete zuerst einen literarischen Salon in Döbling, den sie später prominenter in die Oppolzergasse neben „Landtmann" und Burgtheater verlegte. Bei ihr verkehrte alles, was in Kunst und Wissenschaft Rang und Namen hatte: Klimt, Strauß, Schnitzler. Alma Mahler lernte hier ihren Gustav kennen, und in Zuckerkandls Salon wurde die erste Lesung vom „Jedermann" geboten. Und die Dame des Hauses wurde zwangsläufig Mitbegründerin der Salzburger Festspiele.

Die postmoderne Version von Zuckerkandl bot unsere Galeristin auf ihrer Häusl-Vernissage, Kloparty. Auch wenn ihre Gäste nicht immer den akademisch-intellektuellen Austausch im Sinn hatten, wurde Sofie dabei durchaus von der Wissenschaft inspiriert. Konkret vom einzig führenden Wissenschaftler auf dem Gebiet der Erforschung von Klosprüchen. Der saß, was mich inzwischen kaum noch verwundern konnte, natürlich in Wien. In der Stadt mit den größten Widersprüchen, in der man Kultiviertheit, Stil und gute Manieren eben überall zu schätzen wusste, auch auf dem stillen Örtchen.

„Im Oarsch dahaam', hätte Qualtinger gesagt", quietschte Fiona ihr unnachahmliches Lachen. Und richtig, die Spuren menschlicher Kommunikation auf dem WC als Gegenstand seriöser Kulturforschung – so eine Idee konnte einem wohl nur in Wien kommen.

„Männertoiletten", dozierte Sofie auf Häusl-Party Nr. 27, „werden übrigens signifikant mehr mit Graffiti geschmückt als Frauentoiletten."

„Vielleicht sitzen die kreativen Kerle einfach nur länger?", fragte ich zurück. Die Wiener Wissenschaft über den anonymen Gedankenaustausch à la „Ich war hier" kam zu einem anderen Ergebnis, ließ ich mich belehren. Zunächst einmal war sie eine recht flüchtige Wissenschaft. Schon deshalb, weil die meisten Kritzeleien kurzlebig sind. Zumindest öffentliche Toiletten werden ab und an mal gereinigt. Andererseits mussten auch die Forscher schnell sein und klammheimlich in Wien von Häusl zu Häusl flitzen (von WC zu WC), um an die Schmierereien ihrer wissenschaftlichen Begierde zu gelangen. Man konnte irgendwie gut nachvollziehen, dass an der Quelle niemand länger sitzen bleiben wollte als wirklich nötig.

„Kloschriften sind keinesfalls nur sinnfrei", versuchte Sofie, unser Interesse an den akademischen Erkenntnissen zu wecken. In seiner Untersuchung zur „Latrinalia" (tolles Wort) fand Professor Unrat doch tatsächlich – parallel zum richtigen Leben – heraus, dass Frauen Toilettenwände zwar nicht häufiger, dafür aber mit längeren Texten bekritzelten.

„Ah, Frauen fassen sich also nicht mal an Klowänden kurz?" Ich fand ja schon auf dem Klo zu lesen unappetitlich, auf dem Klo zu schreiben aber erst recht. „Sagen wir", klärte uns Sofie auf, „weibliche Sachverhaltsschilderungen sind grundsätzlich ausführlicher und wortreicher!"

„Was man schon beim SMS-Schreiben feststellen kann", fand Fiona, „da muss ich nicht erst auf dem Klo nachlesen."

„Also Frauen reden halt gern, sogar an Toilettentüren!"

„So ungefähr!"

Unsere Galeristin Sofie jedenfalls dekorierte einmal im Monat ihr stilles Örtchen in der Gumpendorfer Straße vergnügt mit Fotokopien berühmter Werke, Texte oder einfach nur mit den Schnappschüssen aus dem Urlaub – und der Anlass für die Kloparty war perfekt. Hrdlicka, Staudacher, Attersee – zeitgenössische österreichische Maler hatten genauso Platz wie Mel Ramos' dralle Damen. Nur Hase, der einzige Mann auf Sofies Klo, so dachten wir, ihr Kater nämlich, der musste samt Katzenklo für die Partyzeit umziehen. Angesichts des künstlerischen Mehrwertes auf dem Häusl aber mag manch Gast bei Sofie sogar länger „gesessen" haben als sonst.

„Ist er denn hier?", fragte ich und hoffte, den richtigen Moment erwischt zu haben. Sofie machte ein großes Geheimnis um ihr Singledasein. Sie kam immer allein, aber ganz offensichtlich war Kater Hase nicht der einzige Mann in ihrem Leben. Wir alle brannten darauf zu erfahren, wer ER denn nun war.

„Vielleicht lernen wir deinen geheimnisvollen Mister X ja mal kennen?" Ich schaute Sofie mit großen Augen an und sah dann in die Runde der Kloparty-Gäste.

„Warst scho amol im Hotel Orient?", fragte mich Sofie beiläufig, als fragte sie nach einem Taschentuch.

„Ist das nicht ein Stundenhotel?" fragte ich gespannt zurück. „Dessen Besitzer beim Sex mit seiner jungen Freundin der Herzinfarkt ereilt hat?" Sofie nickte: „Schöner Tod, nicht?!"

Im Hotel Orient, das mit der denkwürdigen Adresse „Tiefer Graben", soll schon Kaiser Franz Joseph mit seiner Mätresse abgestiegen sein. Hier wurde „Der dritte Mann" mit Orson Welles gedreht. Und das Hotel diente etlichen Schriftstellern als Muse und Kulisse. Die Kaisersuite hatte ein rotes Samthimmelbett. In einem anderen Zimmer fuhr man wie im Zugabteil des Orientexpress. Insgesamt gab es zwanzig Zimmer.

„Ich hab sie alle durch im Orient!", sagte Sofie.

„Das Orient? Das Hotel für Seitenspringer?", gesellte sich Fiona interessiert zu uns. „Ja, das Hotel für Paare oder Nichtpaare, die sich in der Mittagspause treffen. Ich treff' mich dort in meiner Mittagspause!"

„Nein!" Ich konnte es kaum glauben „Du triffst Mister X im Orient? Warum? Weil's so aufregender ist?"

„Naa, weil's geheim bleiben muss, wer er is."

„Verheiratet!?", fragte Fiona streng dazwischen, und wir machten ein Ehschonwissen!-Gesicht. „Wie lange schon?", fragte ich. „Ich meine, wie lange dauert die Affäre?"

„Vier Jahre, sieben Monate und ... ähm ... warte ... 23 Tage!", rechnete Sofie vor.

„Glaubst du, er verlässt seine Frau irgendwann für dich?"

„Fiona!", ich verdrehte die Augen. Offensichtlich war unsere talentierte Herzweh-Heilkünstlerin mit eigener Liebeskummer-Praxis gerade außer Dienst. „Was ist so toll am Orient?"

„Es ist die Kombination. Er UND das Orient", antwortete Sofie. ‚Fifty Shades of Grey' is a Schaaß dagegen. Schon wenn du reinkommst, tun im Hotel alle so normal, als würdest du gerade deine Briefmarkensammlung verkaufen oder dein Auto ummelden wollen. Die Hausmädchen laufen in ausgelatschten Orthopädenschlapfen und in biederen schwarzen Aida-Schürzen rum. Sie sollen ja net die Kundschaft vergraulen. Soll ja schließlich keine schöner sein als der Seitensprung, den der werte Kunde mit ins Hotel bringt. Das Orient ist ja kein Puff! Letztens hing ich nur mit Highheels bekleidet gefesselt an der Decke, als das Zimmermädchen den Champagner brachte ..."

„Und danach habt ihr gezahlt, einen schönen Tag gewünscht und seid zurück ... Du in die Galerie?" Ich konnte es kaum fassen.

Sofie nickte. In Wien war mal wieder alles beieinander, schmunzelte ich, alles drin in der alten Schachtel. Würstelboxmilieu neben Penthousewohnung, Gewöhnlich neben Extravagant, Fantasie neben Wirklichkeit, Genie hier, und um die Ecke wohnte der Wahnsinn. Es war die Stadt, deren Bewohner ihren Größenwahn aus einem Stolz auf ein längst erloschenes Kaiserreich und ihren Hochmut aus einem Minderwertigkeitskomplex gegenüber Deutschen bezogen. Eine Stadt, in der der Schriftsteller Felix Salten gleichzeitig Weltruhm mit dem Erfolgsroman „Bambi" erlangte und nie zugab, auch den ersten Porno-Klassiker verfasst zu haben: „Josefine Mutzenbacher, die Geschichte einer Wienerischen Dirne". Und in Sofies Fall, da lagen große Kunst und tiefer Graben nun mal nah beieinander. Wenigstens wussten wir jetzt davon. „Aber Mädels, Dollezal darf davon nichts erfahren." Sofie legte den Finger auf die Lippen. Fiona und ich machten ein verschworenes Gesicht. „Eh klar!"

„Was, du warst noch nie auf a'n Ball? Na, da müssma dich in Wien natürlich ausführn!" Dollezal, Sofies Chef und der Mann für die schönen Künste in Wien, bewohnte mit all der modernen Kunst an den Wänden Wiens schönstes Wohnzimmer. Aber Dollezal wäre kein Kunsthändler gewesen, wenn er mir nicht mein allererstes Gemälde verkauft hätte. Für das Bild von Daryoush Asgar, einem Maler aus Teheran, der in Wien lebte, müsste ich in Deutschland zwar bestimmt erst anbauen, weil es „geringfügige" Ausmaße von zweieinhalb Metern aufwies. Im Margaretenhof stand außer der Couch und einem Sessel noch immer nichts, aber das Bild füllte den Raum voll und ganz.

Dollezal war es auch, der mir bei sich zu Hause einen Fisch zubereitete, wenn mir die Decke auf den Kopf fiel, so, wie das gute Freunde füreinander tun. Dass er mein Vater sein könnte, vergaß ich schon, wenn ich in seiner Küche saß und Dollezal durch seine Brille lachen sah.

Die Walzerseligkeit in Wien war schon seit November im Gange. Rauchfangkehrer (wie man hier Schornsteinfeger nennt) schwangen traditionell sehr früh das Tanzbein. Aber erst mit dem Kaiserball in der Hofburg an Silvester begann der Wiener Walzer-Marathon. Zuckerbäcker, Akademiker, Juristen, Ärzte, Pharmazeuten, Gewichtheber – alle zelebrierten ihr eigenes Kränzchen. Sogar die UNO und die Atomenergiebehörde tanzten, wahrscheinlich mit strahlenden Damen und glühender Leidenschaft. Man konnte sich ab jetzt jedenfalls, wenn man wollte, mehrmals in der Woche dem Schlachtruf „Alles Walzer!" und einer Tanzfläche aussetzen.

Beim Opernball schieden sich die Geister. Treffend beschrieben als „der Betriebsausflug einer Republik, die sich nach genau den Zeiten sehnt, als sie noch keine war", versammelten sich im wirklich wundervollen Staatsopern-Ambiente Wiener „Adabeis" und Politprominenz in großer Garderobe. Da müsse man nicht mehr hin, sagten inzwischen jedoch die einen Wiener. Den schaut man sich höchstens noch im Fernsehen an, auch die anderen. Wiens berühmter Betonmischer aus Ottakring, Richard „Mörtel" Lugner, und sein Privatzoo, Exfrauen mit Kosenamen wie Katzi, Mausi und Kolibri, nebst den in Krisenzeiten inzwischen meist unbekannten G-Promis an seiner Seite hatten dem einst recht niveauvollen Betriebsfest der Staatsoper am Ring den Rang abgelaufen. Trotzdem war der Wiener Opernball meist schon im Januar fürs nächste Jahr ausverkauft. Und das, obwohl er auch noch der teuerste war: 250 Euro für die Ballkarte (nur für den Stehplatz!). Wer sitzen wollte: Nun, die Logen waren mit über 10 000 Euro auch nicht fürs Volk gedacht.

Der Kaffeesiederball dagegen war ein Muss, aber da Dollezal dort als Galerist traditionell aufwartete und jede Menge Gäste umschwirrte, fiel die Entscheidung leicht: Mein erster Ball sollte der Ball der Wiener Philharmoniker sein.

Das Glück wurde mir natürlich nur deshalb zuteil, weil gerade weit und breit keine Konkurrenz für Hans' Tanzkärtchen im Wege stand. Dollezal hatte eine echt gute Nase für die Kunst. Und damit zog er jede Menge junger talentierter Maler an Land. Aber bei Frauen hatte er einfach kein Händchen. Auf die bald anstehende Geburtstagsparty zu seinem Sechzigsten war die stattliche Delegation von insgesamt 24 Exfrauen geladen. Mit keiner war er je verheiratet oder länger als drei Jahre liiert, und mit allen hatte er sich im Guten getrennt. „Geliebt habe ich sie alle!", schwor Dollezal, wenn auch nicht jede einzeln streng nacheinander. Netterweise zierte er sich hier und da ein wenig, weil ich nicht auf „Nummer 25" hinarbeitete, aber wir beide hätten zu zweit wohl keine allzu symbiotische Idylle ergeben.

„Hans, du bist ein toller Typ ..." Dollezal wollte sich gerade wieder mal an einer Ende-zwanzig-die-ist-es-aber-jetzt-wirklich-Blondine die Finger verbrennen. Wenigstens hatte sie – Osteuropäerin und mörderschlau, genau sein Beuteschema also – die Uni schon fast hinter sich. „Hans, du gehst viel zu früh zu Bett, um mit Studentinnen anzubandeln. Mensch, rechne doch mal nach! Du wirst noch nicht mal ihren sechzigsten Geburtstag erleben, weil du deinen in zwei Wochen hinter dir haben wirst!" Aber mit Logik in der Liebe war bei Dollezal nicht viel zu holen. Er sah einen dann mit großen Augen durch seine kreisrunde Galeristenbrille an, durch die Frauen mal mindestens zwanzig Jahre älter wirken mussten, und sagte hingebungsvoll: „Kunst verlangt Opfer!"

„Habe die Gicht. Hinderlicher Anfall. Nur noch turnschuh-fähig. Super Ersatztänzer hab." Dollezals SMS erreichte mich beim Friseur, bei Katharina in ihrem wunderbaren Wohn-zimmer-Salon zwischen Pilgramgasse und Gumpendorfer Straße, keine 500 Meter von der Würstelbox entfernt. Zehn Minuten zuvor hatte ich auf der Mariahilfer Straße ein Ball-kleid für 250 Euro erstanden. Ich zeigte Katharina die SMS. „Dollezal ist außer Gefecht."

„Die Gicht! Na, alt genug dafür ist er ja!", zwitscherte Katharina, mit a bissl Schadenfreude. Der arme Dollezal, dachte ich. „Das kriegen auch schon ganz Junge", hätte er jetzt ganz bestimmt gewettert und Altersgicht in jedem Fall weit von sich gewiesen. Dollezal aber hatte nicht nur die Krankheiten seiner Altersklasse, auch in seinen SMS sprach er gern wie der alte Meister Yoda: „Dich amüsieren sollst, Bussi".

Ersatz für Dollezal war nicht in Sicht. „Kennst du jeman-den?", fragte ich Katharina. Sie schüttelte den Kopf. „Keinen auf die Schnelle!" Thomas winkte gleich am Telefon ab. „Schätzelein, ich bin Maskenbildner und nicht schwul! Da kann ich leider nicht mit Dreivierteltakt dienen." Also dann eben Dollezals super Ersatzmann Christian. Irgendein Chris-tian. Hoffentlich ein passabler Typ, den du mir da ausge-sucht hast, Dollezal, dachte ich noch, als ich mit meinem nigelnagelneuen rostroten Ballkleid erst wie in der Ölsardi-nendose, gequetscht an fremde Ballkleider, in der U-Bahn stand – Ballsaison in Wien hatte wirklich was – und dann schulterfrei fröstelnd wie Aschenputtel in die Gasse am Stephansplatz raschelte.

Als mir Dollezals Auswechselspieler in seinem verchrom-ten Glasdach-Palais die Tür aufmachte und sein „Hallo, hallo!" im Türrahmen sang, traute ich meinen Augen nicht. Küss-die-Hand-g'nä-Frau-&-Habedehre-Christian war alles andere als ein Ersatzmann. Er trug seinen Smoking auf die Art, wie andere einen Pyjama tragen. Völlig selbstverständlich und so, als hätte er nur ungern etwas anderes an. Der Vatermörder kniff nicht, der Kummerbund umschmeichelte seine sorgenfreie Hüfte, und seine Lackschuhe wirkten an ihm so bequem, als trüge er sie normalerweise als Pantoffeln. Ganz sicher wachte einer wie er morgens auch schon rasiert und mit dieser Föhnlocke auf, ohne auch nur das Bad betreten zu müssen. Champagner wartete in der Küche. Ich mochte keinen, gab das aber angesichts der Gesamtsituation nur ungern zu. Die Küche war allein so groß wie zu Hause meine beiden Ballzimmer zusammen. Vom Wohnzimmer aus ergoss sich ein riesiger Dachgarten, wild bewachsen mit bezauberndem 360-Grad-Blick über die Dächer Wiens. Oper, Rathaus, Burgtheater, Stephansdom lagen einem hier zu Füßen. Ich nippte am Champagner. Ich hatte noch nicht mal ein Kleid aus dem 1. Bezirk an. In meinem MaHü-Fummel kam ich mir jetzt wirklich vor wie Aschenputtel.

Doch weder Mr. Lackschuhs galante Garderobe noch seine Sauna auf dem Dach mit Blick rüber zum Stephansdom wollten so recht darüber hinwegtäuschen, dass man Taktgefühl nicht kaufen kann. Jeden Walzer im schönsten Ballsaal Wiens, im Musikverein, ließ der „Super-Ersatztänzer" zum L'Amour-Hatscher werden, wie man in Wien liebevoll zum Stehbluesschieber sagt.

„Mehr Dilemma als Dreivierteltakt", simste ich an Dollezal nach zwei Walzern. „Eine rauschende Ballnacht das nicht mehr werden wird. Grüße an die Gicht! Gute Besserung & Bussi!"

Auf dem Nachhauseweg ging mir ein Lied nicht aus dem Kopf: „Aaner hot imma des Bummerl ..." Wenigstens tanzte ich mit einem Walzer nach Hause.

„Na, Froillein Tonja!" An der Pilgrambrücke wurde ich noch freudig empfangen. „Für dei Montur do is es oba no a bissl früh schlofn zu gehn, oda?"

„Kennt ihr das Hotel Orient?", fragte ich die Würstelbox-Jungs geradeheraus. Die Geschichte mit Sofie und Mister X wollte mir nicht mehr aus dem Kopf.

„Des Orient?" Helmut winkte sofort ab. „Des is ma zu teuer!"

„Sicha!", wusste Alex augenzwinkernd „Des Hotel Orient kennt do in Wien jeda! Und waaßt a, wieso? Vierzig Prozent olla Österreicher glauben an den Himmel, aber nur 25 Prozent glauben an die Hölle ...!"

Februar

Badewannentango

Zu seinem sechzigsten Geburtstag war Dollezal wieder fit. Er wollte mit gut 300 Gästen und den 24 geladenen Ex-Gspusis in seiner Galerie-Außenstelle feiern, in der alten Ankerbrotfabrik im 10. Bezirk. Normalerweise hatte die Gegend um die Brotfabrik so viel mit Kunst gemein wie eine Dose Ravioli mit Haubenküche. Aber wegen ihres grandiosen Industriecharmes hatten in der alten Brotfabrik inzwischen jede Menge stadtbekannter Galeristen, Fotoateliers und Künstler ihre Zelte aufgeschlagen, und das hieß mehrmals im Jahr Kunst und Party mit viel Platz und Ambiente.

Mit der Kamera stand ich zum Glück nicht doof allein in der Ecke rum. Ich musste nur ein paar der Gäste um Geburtstagswünsche für Dollezal bitten. Was sollte ich auch sonst einem Galeristen schenken, der die tollsten Künstler vertritt und eine Wohnung wie ein Museum of Modern Art bewohnt – ein Salatbesteck? Sofie hatte allerhand mit den Stargästen des Abends zu tun: amerikanische, russische und österreichische Maler, Fotografen, Galeristen, reiche Russen mit Herz und Geldbeutel für die Kunst und Dollezals betagte, aber recht rüstige Frau Mama. Sogar der Wiener Stadtrat für Kultur hielt eine Laudatio auf Dollezal. Seine Galerie musste wirklich wichtig sein für Wien.

Plötzlich stand er da, allein mitten im Trubel, zwischen zwei riesigen Ölgemälden, als sich unsere Blicke trafen. Es dauerte nur einen einzigen Augenaufschlag, aber ich werde mich mein Leben lang an dieses Lächeln erinnern. Er hielt sich an einem Bier, ich mich an meiner Kamera fest.

Und dabei lächelte er vor sich hin wie in einem Stillleben. Kunstsammler womöglich? Oder eher schüchterner Künstler? Bestimmt vergeben, dachte ich.

„Des geht si aus ...", zwitscherte mir Sofie im Vorbeigehen zu, „is geschieden! Interesse?" Sofie hatte ganz offensichtlich unseren Blickkontakt bemerkt.

„Ich ... äh ... ach nein, ich habe mich gerade gefragt, von welchem Maler das Bild da drüben ist." Ich redete mich doch nicht etwa raus, dachte ich. Aber Vorsicht ist ja die Mutter der Porzellankiste, und nach dem Vierfachdaddy aus Wien-Wisconsin musste man in dieser Stadt ja mit allem rechnen. Also widmete ich mich lieber den Dreharbeiten für Dollezal.

Erst auf dem Nachhauseweg passte mich ein Lächeln auf der Treppe ab: „Deinen Namen kannst' mir doch aber wenigstens noch verraten? Servus, i bin Tom!"

Der nächste Morgen war einer dieser kalten Samstage in Wien. Einer, an dem man morgens am liebsten länger im Bett liegen bleiben würde. Auch gerne sehr viel länger als nur bis morgens. Wozu nur konnten Menschen auf den Mond fliegen, wenn ich für meinen Kaffee jetzt selbst aufstehen muss, grummelte ich. Ich zog die Bettdecke bis zum Kinn, sah auf mein Handy: keine Nachricht!

Einsichtsvoll schlurfte ich in Richtung Kaffeemaschine. Länger liegen bleiben hätte vorausgesetzt, dass ich einer ordentlichen und geregelten Arbeit nachgehe, so mit festen Dienstzeiten und ohne Wochenendbereitschaften. Potenzielle Nachrichten lauerten in Österreich zwar nun wirklich nicht ständig und überall. Wenn, dann aber vorzugsweise und ohne jede Rücksicht gerne mal an Wochenenden. Ob ich dann gerade im Billa vorm Joghurtregal stand oder bei Katharina im Friseursalon saß und vor lauter Silberpapierchen im Haar kaum den Telefonhörer unter das Altmetall bekam. Genau in solch entzückenden Momenten riefen unsere Nachrichtenredakteure aus der Zentrale an und fragten dann: „Du, sag mal, was hältst du denn von der Geschichte XY, ist das was für uns heute?" Da stehst du dann neben deinem Klopapier natürlich manchmal mächtig auf dem Schlauch und denkst nur noch: „So ein Mist, wer oder was zur Hölle war jetzt XY noch mal?" Und natürlich klangen Redakteure immer so, als hätte man die Meldung schon Tage vorher nicht übersehen können.

Damit ich ja keinen einzigen Niesanfall in Österreich verpasste, hatte ich mich in Wien nur noch meterweise von meinem PC entfernt. Selbst aufs Klo nahm ich mein Smartphone mit. Doch ich fand schnell heraus, dass man solche Situationen auch ganz ohne die Hilfe eines Telefonjokers meistern konnte: „Du, das Thema kann man machen, muss man aber nicht ..." Dieser Satz wirkte auf die meisten Nachrichtenredakteure umgehend wie eine Überdosis Schlafmittel. Was sie dann höchstens noch mit der Bemerkung „Du, alles klar! Dann leg dich wieder hin!" quittierten. Als ob man als Korrespondentin nur noch dann aufstehen würde, wenn die Zentrale anruft.

Heute jedenfalls war wieder einer dieser Momente, in denen ich mir selbst zuzwinkerte: „Augen auf bei der Berufsauswahl, Liebelein!" Draußen auf das Fensterbrett plumpsten dicke Schneeflocken. In einer Stunde hatte ich meinen ersten Reporterauftritt in Wien – live auf Sendung. Aber Freude kam deswegen bei mir keine auf.

Ich war nun schon Monate in der Stadt, Brandaktuelles war bislang nicht passiert. Nichts, was auch nur annähernd für die Kategorie „Wir schalten nun zu unserer Korrespondentin nach Wien" taugte. Mitten in Österreich fühlte ich mich schon genauso, wie sich alle Österreicher fühlen müssen: Da draußen ist die Welt und alle sind furchtbar wichtig, nur für uns hier drinnen interessiert sich keine Sau. „Weltberühmt in Österreich" – hieß es nicht ohne Grund in Wien.

Nach meiner Ankunft hatte ich mich darüber noch gewundert. Österreich feierte die Meldung „Wir haben einen Sitz im UNO-Sicherheitsrat" in sämtlichen Nachrichtensendungen, als hätten sie gerade das Achtelfinale bei der Fußball-WM erreicht (wie wir aber alle wissen, hangeln sie sich nur von Qualifikation zu Qualifikation). In solchen Nachrichten jedenfalls war sie stets spürbar: Österreichs Sehnsucht nach ein bisschen mehr Überlegenheit und Gewicht in der Welt. Das Heimweh eines kleinen Landes, das vor nicht allzu langer Zeit noch ein großes, einflussreiches Kaiserreich war, in dem die Sonne niemals unterging.

Es heißt ja, die Österreicher hätten auch nur deshalb ihren Komplex gegenüber den Deutschen entwickelt, weil Deutschland das größere Land mit zehnmal mehr Einwohnern und Bedeutung ist. Dabei wollen sie gar nicht dazugehören, zum deutschen Übergewicht. Im Gegenteil: Die Abgrenzung zu den Deutschen gehört in Österreich zum Nationalbewusstsein. Österreicher hassen es geradezu, wenn sie im Ausland als Deutsche bezeichnet werden, etwa als „Deutsche mit Hut" gar.

In den Achtzigern soll es Historiker gegeben haben, die allein mit ihrer These zur Frage: „Wie deutsch ist Österreich?" für enorme Aufregung gesorgt haben. Sie hatten mit Blick auf die Zeit nach 1945 doch tatsächlich von „drei Staaten, zwei Nationen und einem Volk" gesprochen. Neben der Bundesrepublik und der DDR aber als „dritter deutscher Staat" betrachtet zu werden – da standen den meisten Österreichern sofort die Haare zu Berge.

„Na, den letztn Anschluss an eich Deitsche hamma a bis

heit net richtig verorbeitet", hatten mir Helmut und Alex an der Würstelbox gestanden.

„Ihr meint den 1938, an euren eigenen Landsmann, an Adolf Hitler?", stichelte ich zurück.

„Jo, des is uns imma no a bissl peinlich", sagte Alex, „so peinlich, dass ma uns nachm Krieg net amol an die anderen alten Nazis ran'traut ham!"

Tatsächlich haben Österreicher die Vergangenheitsbewältigung nach dem Krieg lieber den Deutschen überlassen. In Österreich konzentrierte man sich stattdessen auf die Abgrenzung VON den Deutschen. Das tat auch weniger weh.

„Eben", führte Alex fort, „und das mit der Abgrenzung hotma scho g'sehn, wie des UFO in Duisburg damals g'landet woar!" Während der Kultsendung „Kottan ermittelt" wurde 1982 sowohl in Deutschland als auch im österreichischen Fernsehen die Meldung eingeblendet: „UFO in Duisburg gelandet – Sondersendung im Anschluss". Die deutschen Zuschauer hatten damals total verrückt und panisch auf die Meldung reagiert.

„Die deitschen Zuseher ham damals die Telefone g'stürmt und ham wie wüd bei da Polizei a'gerufn wegen dem UFO", erzählte Alex. „Oba do in Wien hot des kaan interessiert. Die hams olle g'sehn, oba si 'denkt: Wenn's eh bei die Piefke san, kann ma des ja wuascht san. Sollen's mal erst die Deitschen holn!"

Als das Fernsehen dann übrigens sicherheitshalber einblendete: „Das unbekannte Flugobjekt ist nicht gelandet!", hatten die deutschen Anrufer erst recht keine Ruhe gegeben. Sie fragten stattdessen jetzt, wo es denn wohl hingeflogen sei.

„Sixt, des ist hoit der Unterschied zwischen Wien und Duisburg", sagte Alex, „a echta Wiener geht net unta!"

Aber der Preis für die Abgrenzung war natürlich nicht

klein. Wie bitter musste es für unsere Nachbarn sein, wenn sie sich für den Urlaub T-Shirts drucken lassen mussten mit der Aufschrift: „No, there are no Kangaroos in Austria!"

Ich hatte es mittlerweile immerhin schon bis unter die Dusche geschafft. „Wir schalten nun zu unserer Korrespondentin nach Österreich!", heute war es so weit. Als Erstes würde nach dem TV-Auftritt sicher meine Mutter anrufen: „Kind, sag mal, was hast du nur mit deinen Haaren gemacht?", oder auch: „Was hattest du denn da wieder für einen Fummel an?" Die „Abteilung Geschmack" zu Hause war gnadenloser als jeder Chefredakteur und Heidi Klum zusammen.

Wenn es dumm lief, dann blieb das heute der einzige Live-Auftritt im ganzen Jahr. Natürlich wollte ich da eine gute Figur machen, super souverän und ohne jede Nervosität oder Versprecher. Als täte ich den lieben langen Tag nichts anderes. Wer jemals versucht hat, vor dem Badezimmerspiegel Korrespondentsein zu üben, weiß, wovon ich rede.

Live-Auftritte waren nicht ganz unwichtig für die Karriere. Ich hatte deshalb auf politische Skandale spekuliert, auf Regierungs- oder von mir aus auch auf Schusswechsel. Das österreichische Parlamentsgebäude – immerhin aus dem gleichen Kalkstein gebaut wie das Weiße Haus in Washington – war als Kulisse todschick.

Ans Wiener Parlament aber führte mich mein Termin heute leider nicht. Noch nicht mal an eines der zahlreichen Prachtbauten am Ring. Nein, mein journalistisches Schicksal hatte ausgerechnet am Wiener Zentralfriedhof haltgemacht. Und da auch noch vor der Aufbahrungshalle! Und nein, die sah zu meinem Bedauern nicht mal annähernd aus wie das Weiße Haus.

Schauspieler Peter Alexander, der stets gut gelaunte Held meiner Kindheit, war gestorben – und ich sollte die Trauerfeier live kommentieren. Bis zuletzt hatte der Entertainer zurückgezogen in Wien Grinzing, im 19. Bezirk gewohnt. Ich wäre ihm tausendmal lieber zu Lebzeiten begegnet. Mit Filmen wie „Charleys Tante" war ich groß geworden. Als ich zum Mantel griff, dachte ich noch: Lieber doch den Schwarzen? Und wählte dann zurückhaltendes Beige für den Friedhof. Und für Mutti.

Irgendwie passte Zentralfriedhof natürlich. Wiener sollen ja eine ganz besondere Beziehung zum Tod haben, heißt es immer. Hier nennen sie zumindest ihre Bars „Jenseits", und man kann sich in einer „Sargfabrik" einmieten. Es gibt eine lange Nacht der Bestatter, eine „Leistungsschau" der Zunft, auf der schon mal das Kinderprogramm „Sarg anmalen" geboten wird. Und dann, bitte, welche Stadt gönnt sich denn ein Bestattungsmuseum? Die Existenz eines solch morbiden Ortes allein mag schon Stirnrunzeln auslösen. Aber es kann doch unmöglich Zufall sein, dass ausgerechnet das Sargmuseum am Tag der offenen Tür den höchsten Besucheransturm genießt, und zwar genau dann, wenn alle Wiener Probe liegen können im Sarg. Vom Herrn Direktor natürlich begrüßt mit dem Kalauer: „Bei uns liegen'S richtig!"

Eine Leiche hat in Wien halt immer „a schöne Leich'" zu sein. Als Wiener bemüht man sich eben auch am Ende um gute Figur. Wie man stirbt, so hat man schließlich gelebt. Wien – Hauptstadt des Lebens nach dem Tode, hieß es, und das stimmte schon deshalb, weil man sich nur in einer Stadt wie Wien zu Lebzeiten ein Ehrengrab auf dem Zentralfriedhof verdienen konnte. Ein Gratis-Grab, eh klar! Wer sich keines leisten konnte, landete als Wiener auch gern hingebungsvoll in der Pathologie und in Formalin: „Leichen hamma do in Wien imma mehr als genug", sagte im Anatomiezentrum der Herr Professor nicht ohne Galgenhumor: „Die Wiener tun halt auch nach dem Tod gern noch was Gutes!"

Viel lieber als mit dem eigenen Ableben aber beschäftigen sich die Wiener mit den Begräbnissen anderer Leute. Beerdigungen wurden in Wien gefeiert wie andernorts Hochzeiten. „Luftg'sölchte" nennt der Gruftführer in der Michaelerkirche zärtlich und mit Hingabe die jahrhundertalten verdorrten Körper, die es dem außergewöhnlichen Klima in der Kirche, einem ständig wehenden Lüfterl, zu verdanken hatten, dass sie nicht verwesten. An so einen Anblick mag sich der eigene Magen auch noch gewöhnen. Aber wann immer ich an der Kapuzinergruft in Richtung Graben vorbeischlenderte, musste ich daran denken, dass hier an die 150 Habsburger in Einzelteilen lagen bzw. nur deren leeren balsamierten Leichname. Der Rest der kaiserlichen Innereien wurde in Wien nämlich stets rituell, sagen wir, über den 1. Bezirk verteilt. Auch als 2011 Otto von Habsburg, der älteste Sohn des letzten Kaisers von Österreich und Königs von Ungarn, starb und wörtlich „als sündiger sterblicher Mensch" um Einlass in die Kapuzinergruft bat (tot natürlich), bekam anschließend die Augustinerkirche sein Herz und im Stephansdom verschaufelte man den Rest seiner Eingeweide. Ich fand spätestens jetzt zu der Einsicht: Profanes Bürgerdasein hatte am Ende, zumindest in Wien, immense Vorteile.

„Hot aner den 71er g'numma? Warum wollen'S denn scho so früh auf'n Zentral?" Mein Taxler, der mich zum Einsatzort bringen sollte, fuhr entlang der Straßenbahnlinie 71, die der Volksmund in Wien auch „Witwenexpress" nannte. Immer geradeaus nach Simmering, bis die lange Mauer anfängt, die vom Zentralfriedhof. Wenn einer abgefahren, also gestorben war, dann sagten die Wiener auch: „Der hat den 71er genommen."

„Keiner, den ich persönlich kannte", sagte ich zum Taxler. „Ich muss zur Trauerfeier von Peter Alexander."

„Wollen'S Witze, so wie vom Peter Alexander?" Ohne meine Antwort abzuwarten, legte der Chauffeur mit seinen Entertainerqualitäten los, seinen Gast und dessen Reaktionen im Rückspiegel fest im Blick. „A Frau geht imma, wenn sie sich vom Grab ihres Mannes verabschiedet, rückwärts nach Haus. A Mann beobachtet des vom Nachbargrab aus und wundert sich jedes Mal. Beim nächsten Mal, als die Frau wieder nach der Verabschiedung rückwärts den Heimweg antritt, fasst er sich a Herz und fragt: ‚Sogn'S, wieso gehn'S denn imma verkehrt herum?' Da sagt die Frau: ‚Wissen'S, i trau mi net, anderst herum wegzugehn. Weil mei Monn, der hat imma g'sagt: Dein Hintern, Elfie, der weckt noch amol Tote auf.' Hahaha ... ha ... ha ...", freute sich mein Taxler jetzt, „is der Witz net süß? Müssen'S scho sogn! Wollen'S no aan hearn? Aan schoffma no bis zum Zentralfriedhof! Oba der is dann a bissl schärffa!"

Wiens Zentralfriedhof war der zweitgrößte Europas, drei Millionen Tote, darunter Ehrengräber von Beethoven, Brahms, Schubert, Haydn, die Strauß' und „Muss ich denn sterben, um zu leben?"-Falco. In Wien spielte halt die Musik. Und wer hier lag, der hatte es für die Wiener im wahrsten Sinne des Wortes geschafft.

„Nur den Mozart, den haben's ja aufn Marxer eingrobn! Wussten'S des?", fragte der Taxler. Ich wusste. Mozart starb, bevor er sein Requiem vollenden und ohne dass seine Frau Konstanze seine Beerdigung bezahlen konnte. Seine sterblichen Überreste landeten in einem Massengrab in St. Marx. Als das Stanzerl Jahre später das Grab ihres Wolferl aufsuchen wollte, waren leider schon beide Friedhofswärter gestorben, die noch Kenntnis gehabt hätten, wo ungefähr man Mozart verscharrt hatte. So aber sollte es niemand mehr erfahren. Und die Wiener konnten ihm auf ihrem Zentralfriedhof später nur noch ein leeres Ehrengrab widmen.

„Grabsteine – Jetzt fünfzig Prozent! – Alles muss raus!"
Entlang der Simmeringer Hauptstraße priesen Sargbauer
und Steinmetze alles an, was man auf dem Weg zum Zentralfriedhof halt so benötigte. „Zwei Grabsteine zum Preis
von einem", dieser Treppenwitz unserer Schnäppchenkultur
hätte Elfie bestimmt gefallen. Schon das Schild „Schlussver-
kauf" hatte eine gewisse Komik auf dem Weg zum Friedhof.
Und mein Schmunzeln hörte erst recht nicht auf, als ich
vor dem Friedhofseingang neben den Blumen- die Würstel-
verkäufer sah und die Gasthäuser, die für die Après-Sarg-
Schnitzerl. Von wegen letzte Ruhe! Nicht da, in Wien!

„Beehren Sie uns bald wieda!", verabschiedete sich mein
Taxler formvollendet. „Servas und küss die Hand! Habedeh-
re, Gnädigste! Sladky übrigens mein Name. Des haast ... na,
was meinen'S wohl? ... Des haast ‚Süß'! Jetzt müssen'S scho
soagn, des is doch süß, net?"

Meine Kollegen warteten schon, als ich am Friedhof ankam. Die Kameraposition sollte direkt am Eingang neben
der Aufbahrungshalle sein. Hinter mir im Bild würde die
Schlange mit den vielen Menschen zu sehen sein, die am
Sarg von Peter Alexander Lebewohl sagen wollten. Regisseu-
re haben schöne Ideen. Manchmal aber rechnet leider keiner
von uns Fernsehleuten mit dem ziemlich Naheliegenden.

Ich starrte auf die schwarze Kameralinse. Drei Minuten
können lang sein, wenn man dabei ständig in dieses kleine
schwarze Loch gucken muss. Die Kälte kroch mir in die
Knochen. So ein Friedhof war nicht gerade der heimeligste
Ort, und erst recht nicht im Februar. Ich blies mir etwas
Wärme in die Handschuhe und beobachtete die Schlange
Menschen. Es war rührend, wie viele Hunderte Wiener gekommen waren und nun schon seit Stunden warteten, um
sich in der Halle neben mir am Sarg von Peter Alexander zu
verabschieden. „Das größte Multitalent mit Wiener Schmäh,

das je eine Showtreppe herunterkam", erinnerte man sich jetzt wieder an ihn. Er konnte alles, was ein Showmaster brauchte: singen, tanzen, Klavier spielen und parodieren. „Das machen nur die Beine von Dolores" oder „Badewannentango", einer wie Peter Alexander schaffte Einschaltquoten wie heute nur noch zu Fußballweltmeisterschaften.

Zu seinem Publikum befragt, sagte er einmal: „Wissen'S, das sind die nettesten Leute, die man sich vorstellen kann. Man fragt sich überhaupt, warum so schreckliche Dinge auf der Welt passieren können, wenn es solche netten Leute gibt." Er selbst mied zuletzt die netten Leute. Erst war seine Frau gestorben, nach mehr als fünfzig Jahren an seiner Seite, dann der Unfalltod seiner Tochter. Er, der bestgelaunte Entertainer aller Zeiten, dem weder der fesche Frack noch die Frisur oder eine Formulierung je verrutscht waren, habe da endgültig die Freude am Leben verloren, hieß es. Seine eigene Beerdigung hatte er bis ins kleinste Detail geplant, und über die Todesursache war nichts bekannt geworden. Dieser grandiose Komödiant muss am Ende seines Lebens sehr traurig gewesen sein. Schon ihm zuliebe wollte ich meine Sache gut machen, aber natürlich wollten auch die Mädels gucken. Und wer weiß denn, vielleicht sah auch Max in Deutschland zu.

„Oje ... du, entschuldige bitte ..." Hinter mir pfriemelte meine Kollegin Erika an mir herum und versuchte, meine vom Wind zerzausten Haare wieder einzufangen, und murmelte ständig: „Also so geht des net ... naa, so a net!" Jemand gab mir ein Mikrofon in die Hand. Eines mit unserer Sender-Kennung, meine leuchtende Berechtigung, gleich vor der Kamera zu stehen. Im Ohr hatte ich einen kleinen Kopfhörer, mit dem ich die laufende Sendung verfolgen konnte. Gefühlte minus zwanzig Grad. In meinem Ohr die Sendung ... Wirtschaftskrise ... Spannung halten!

„Huhu!" Und dann winkte sie. „Huhu!" Von unten. Noch drei Treppenstufen bis zum Eingang in den Kondolenzsaal. „Huhu!" Sie hätte am liebsten alle Stufen auf einmal genommen, als sie unsere Kamera entdeckte. Ihre stundenlang in der Kälte erkämpfte Position in der Schlange aber mochte die kleine Dicke im Pelzmantel auch nicht so ohne Weiteres aufgeben. Also winkte sie umso heftiger. „Hallo, hier!" Ich wurde nervös. „Huhu. Ich bin aus Wuppertal, hallo!" Ich lächelte und zeigte zur Entschuldigung auf mein Sendermikrofon. In meinem Ohr sagte eine Stimme: „Vorwarnung!"

Ich liebe es, Zuschauern zu begegnen. Doch diese hier drohte, gleich mein erstes und einziges Schaltgespräch in Wien zu ruinieren. Und das live vor Millionen Zuschauern. Und vor meiner Mutter. In diesem Moment stellte der Moderator die erste Frage. Verhau's jetzt bloß nicht, ermahnte ich mich noch. Und kein Auge auf Wuppertal! Mit dem linken Auge schaute ich in die Kamera. Mit dem rechten behielt ich sicherheitshalber den flinken braunen Pelzmantel im Auge. Der strebte jetzt breitbeinig und sehr energisch nach vorn zu mir und leider keineswegs mehr in die Kondolenzhalle nebenan.

„Hallo, hören Sie! Ich bin aus Wuppertal!" Extra für mich und aus voller Freude fügte sie noch „Aus Deutschland!" an. Die erste Frage in meinem Ohr ging damit in Wuppertal unter. Ich redete einfach. Die Antwort war ja klar: Wien, die vielen Leute auf dem Friedhof, Peter Alexander. Tod und traurig. Doch dann war sie ganz nah an der Kamera. „Hallo, hören Sie nicht, ich bin aus Deutschland, aus ...!" Die zweite Frage ging in ihrem lang gezogenen „W u p p e r t a l" unter und wieder an mir vorbei. Deutsche können echt nervig sein. Zum ersten Mal spürte ich Mitleid mit Österreichern.

„Äh ... ja ... also ... also ..." Ob es die Kälte war, die mein

Gehirn vernebelte, oder die überwältigende Szene, die sich mir gerade an der Kamera bot, ich verlor jedes Gefühl für die Situation und hatte meinen ersten Aussetzer: „Äh ... hier am Zentralfriedhof ..." Mit jetzt schon geübtem Silberblick beobachtete mein Auge rechts, wie der Kameramann versuchte, mit einem Arm die Kamera fest- und mit dem anderen die Wuppertaler Allmacht aufzuhalten. Ich starrte mit großen Augen in die Kamera, wie eine Tierpflegerin, die versehentlich nicht bei den Häschen, sondern im Raubtiergehege gelandet war und gerade überhaupt nicht wusste, wie sie die falschen Viecher in Schach halten sollte. Möglichst ohne Kontakt, versteht sich. Während ich links auf die Kamera glotzte, verschluckte sich mein Hirn rechts an ihren Leopardenstrümpfen und dachte: Na, hoffentlich weckt ihr Hintern keine Toten auf. Statt eines dringend erwünschten Textes fielen mir nur noch Schlager ein: „Badewannentango ..." Ich kramte nach sinnvollen Sätzen, aber „Über die Wupper ..." war ja natürlich keine brauchbare Formulierung. „Äh ... die Menschen ... äh ... sie strömen, und es ist bitterkalt, äh ... auf Wiedersehen, Peter! ... Das Licht in der kleinen Kneipe ist nun für immer aus ..."

„Danke nach Wien!", hörte ich im Ohr. Der Moderator, den ich nun zum ersten Mal klar verstand, wirkte verstört, als hätte ich ihm gerade „Ich zähle täglich meine Sorgen!" vorgesungen.

„Oh, hallo! Das war jetzt so richtig live, ja?" Wuppertal hatte es geschafft. „Ist ja toll, dass man so was mal miterleben kann. Wann kommt das denn?"

„Sag beim Abschied leise Servus", sang Peter Alexander einst, aber mehr als ein grantelndes „Hallo, Wuppertal!" war bei mir nicht mehr drin. Sie hatte mir den einzigen Live-Auftritt in Österreich versaut. Irgendjemand nahm mir das Mikro ab und das Kabel aus dem Ohr. Ich fuhr nach Hause und versuchte, mir einzureden, es ginge hier nicht um meine journalistische Kompetenz, und wenn doch, hätte es bestimmt keiner gesehen. Ich jedenfalls habe das Schaltgespräch nie gesehen. Es wurde nämlich nach der Sendung fürs Internet rausgeschnitten.

Die „Abteilung Geschmack" fand, ich hätte höchstens etwas angespannt gewirkt. Was ich alles erzählt habe, hätte Muttilein aber eh nicht so mitbekommen. „Aber Kind, du hast ganz toll ausgesehen. Dieser beige Mantel! ... Ist der neu?"

„Sag mal, hörst du mir überhaupt zu? Sie ist besoffen aus dem ersten Stock in den Vorgarten gefallen und hat sich den Oberschenkel, drei Rippen und das Steißbein gebrochen!" Sofie suchte mein Gesicht nach Anzeichen für Entsetzen ab. Wir saßen mit Birgit mittlerweile im „Leopold" und besprachen nach meinem TV-Unglück nun also das von Fiona.

Ich starrte wieder auf mein Handy. Noch mal lesen: „Hallo! So richtig kennengelernt haben wir uns gestern Abend auf der Party ja nicht. Ich würde das gerne nachholen ... T!" Ich las die E-Mail noch mal. Mein Herz tat einen Hüpfer. Den ganzen Tag schon hatte ich auf dieses Handy gestarrt und wusste nicht, wieso. Jetzt schon, ich hatte auf Nachricht von Tom gewartet. „Wieso fällt Fiona aus dem Fenster?", fragte ich mit Blick aufs Telefon. Typisch Fiona, dachte ich, aber geborstene Knochen gönnte ich ihr ja nun keinesfalls.

„Vom Balkon! Nicht aus dem Fenster!", korrigierte Sofie. „Sie hat auf dem Heimweg ihre Geldbörse verloren mit dem Hausschlüssel darin und kam zu Hause bei sich nicht rein! Und dieser Typ, bei dem sie vorgestern unbedingt ihren erotischen Verkehrswert testen musste, irgendein Inbettwiener halt ..." („Inbetweener", das Gspusi zwischen zwei ernsthaften Partnerschaften nannte man in Wien netterweise „Inbettwiener") „... der Typ wollte sie partout nicht bei sich übernachten lassen. Da ist sie zu Hause dann mit besoffenem Kopp auf die Idee gekommen, in den ersten Stock auf ihren Balkon zu klettern. Ihre Balkontür stand offen. Blöderweise ist sie auch recht weit gekommen, dann aber abgerutscht und ziemlich böse gelandet. Stellt euch vor, eine Nachbarin hat sie in der Früh gefunden. Sie liegt im AKH. Acht Wochen, hat der Arzt gesagt, dann kann sie an Krücken versuchen, wieder zu gehen. Sie hat gerade noch mal Glück gehabt!"

„Gott soll einen behüten vor allem, was noch ein Glück ist", ein Zitat der „Tante Jolesch" fiel mir ein. Ein Kultbuch in Wien, das viel besser noch zu hören als nur zu lesen war. Und da hatte die Tante Jolesch schon recht. Oberschenkel, Rippen und Steißbein, gebrochen dazu, waren ein Glück, für das man vorher ja wohl erst jede Menge Pech vertragen musste. Der Autor Friedrich Torberg ließ die Tante Jolesch auch sonst ganz wundervoll pragmatisch sein, zum Beispiel auf die Frage: „Nehmen wir an, Tante, du sitzt im Gasthaus und weißt, dass du nur noch eine halbe Stunde zu leben hast. Was bestellst du dir?" Antwort Tante Jolesch: „Etwas Fertiges"!

Den Nachmittag verbrachten wir natürlich im Krankenhaus bei Fiona. Sie konnte auch schon wieder lachen und bitterböse fluchen über ihre neuste Eroberung, die die Eigenart besaß, nach Vollzug des Beischlafs die restliche Nacht auf verschiedenen Postleitzahlen zu bestehen. Der „g'schissene Hansl", wie Fiona ihn nur noch nannte, war, wie sich dann rausstellte, unser Wiener Lambrusco-König aus Wisconsin. Birgit bekam von uns dreien einen mächtig vorwurfsvollen Blick.

Endlich war Dienstagabend. Tom hatte sich mit mir in der „Villa Aurora" verabredet. Ein wirklich romantischer Platz

oben am Wilhelminenberg, mit unbezahlbarem Blick auf
Wien bei Nacht. Die funkelnden Lichter der Stadt, die von
dort oben nur so groß wie Glühwürmchen waren, malten
Wiens Silhouette samt kreisendem Riesenrad und Stephansdom in Puppenstubengröße nach. Drinnen zwischen rostig-
quietschender Pforte und dem Aussichtswundergarten warteten in der Villa Aurora gutbürgerliche Küche bei Kerzen-
schein, kaum Publikum und Mister Strahlemann mit dem
bezaubernden Lächeln vor einem Schnitzel.

Tom Blauensteiner war Wiener mit Kärntner Oma und
immerhin mit deutschem Arbeitgeber, gerade vierzig geworden und seit zwei Jahren geschieden. Härtefallgrad auf
einer Skala bis zehn? Ich tippte auf 'ne Vier.

„Ach, und bevor i vergess', i hob drei Söhne. Vierzehn,
sechzehn und zwanzig." Das allerdings war dann wohl eher
eine glatte Zehn. Was Tom auch gleich mit einem „Eigentlich bin i net vermittelbar!" kommentierte. Seine Frau hatte
ihm Hörner so groß wie Sechszehnender aufgesetzt, sie hatte ihn jahrelang mit dem Yogalehrer betrogen. Freunde und
Familie wussten davon, sogar die Kinder. Nur Tom nicht.
„Ich ahnte es scho irgendwie ...", gab er zu, „aber i wollt's
wohl net woarham. Passiert mir do net! So was in der Art!"
Das Pantscherl seiner Frau und die Folgen dieses Verhält-
nisses habe er aber inzwischen gut verkraftet (Eh klar!),
sagte Tom. Auch, dass die Ex mit dem Haberer inzwischen
verheiratet sei. Selbst, dass der Neue als Allererstes seinen
Griller im Garten zerstört und überhaupt, dass der sich jetzt
in seinem, Toms, Haus breitgemacht habe.

Ich musste an Max und mich denken. Wie schön war es,
dass der andere noch da war und man ihm nicht andauernd
die Pest an den Hals wünschen musste. Oder man einem
Quacksalber einmal die Woche 100 Euro auf die Couch legen
musste, damit er die gegen den unbezahlbaren Tipp ver-

rechnete, man müsse diese bösen Beziehungsverletzungen hinter sich lassen. „Wie soll ma das denn ohne Bitterkeit, wenn die Ex-Madame Monat für Monat von meinem Unterhalt genüsslich sich und ihrem Haberer einen Kaffee kocht, in meinem Haus?!" Tom hörte gar nicht wieder auf, dabei kannten wir uns doch noch keine fünfzehn Minuten. „Und das auch noch in genau der Küche, die ich selbst kurz vor Eheschluss erworben hatte. Als Zeichen des guten Willens!" Hätte er nicht so ein Sonnenscheingemüt gehabt, ich hätte Tom für einen hoffnungslosen Fall gehalten.

„Unser drittes Date ..." Toms E-Mails lasen sich wie zu Teenagerzeiten. Unsere zweite Verabredung hatten wir bereits im Schlosspark Schönbrunn absolviert, wo sich bei minus zwei Grad mein Herzklopfen unter dem Knirschen der Schottersteine im Park verstecken ließ, bis ich Toms Lächeln endlich zwischen einer Reisegruppe fröstelnder und fotografierender Japaner entdeckte.

„In der Firma bei uns laufen naturgemäß viele von eich Piefkes rum, und i sog's ehrlich, i moch am liebsten a'n Bogen drum rum!" Tom trug sein Herz immer noch auf der Zunge, aber wir hatten inzwischen ein anderes Lieblingsthema gefunden. Praktizierte Piefke-Phobie war für meinen Österreicher einfach eine Frage der Ehre, in allen Lebenslagen, vor allem aber beim Fußball. „I kenn kaan einzigen Österreicher, der da für die Deitschn wär!"

Fürs dritte Date nun lud Tom in den Prater. Im Riesenrad konnte man eine ganze Riesengondel für ein Candle-Light-Dinner mieten. Allerdings war das ziemlich kitschig und Tom keineswegs wie der Professor. Einer wie er entschuldigte sich auch nicht gleich beim Ober, wenn die Frau am Tisch das Portemonnaie zückte. Tom legte keinen Wert auf sentimentalen Etikettenschnickschnack. Auch wenn wir vorher meist darum zankten, wer die Rechnung übernehmen durfte. Genauso wie wir darum stritten, ob Deutsche es nun schwer hatten in Wien. „Was wären wir Österreicher denn, wenn wir uns net vehement gegen eich Deitsche abgrenzen würden?", fragte Tom, und ganz offensichtlich war ich die Einzige weit und breit, die er um Verständnis bat. Ob das an seinen deutschen Kollegen lag?

Im Prater sollte ich unterm Riesenrad warten. „Aber bitte nicht zu feines Gewand", stand in Toms E-Mail. *Gewand!* Der altmodischste Begriff für Klamotten. Tom war der zeitgemäße Selbstversuch eines am Ende doch sehr klassischen Wieners. Der alles Deutsche verfluchen konnte, aber nichts wirklich ablehnte. Der alle Weiber wegen seiner Ex hasste und Frauen doch verehrte. In diese Widersprüche hatte ich mich auf Anhieb verliebt. Jetzt kam er allerdings mit einer recht auffälligen Fahrradrikscha auf mich zu. Für eine Rundreise durch den Prater hatte das Dach der Rikscha Luftballons an jeder Seite, rot-weiß-rot auf der einen und schwarzrot-gelb auf der anderen.

„Gold woar leida net zu kriegn!", begrüßte mich Tom noch artig mit Bussi links und Bussi rechts. Für einen klassischen Wiener mit ausgeprägter Piefke-Phobie, dachte ich, ist das aber schon ein recht romantisches Bekenntnis zur deutsch-österreichischen Freundschaft. Das sah ja nun alles andere als nach Abgrenzung aus.

Bis Max zu Besuch nach Wien kam. Es war nicht mal ein echter Besuch. Max sang sechs Vorstellungen an der Wiener Staatsoper. Und, na klar, ich wollte auf jeden Fall in die Oper. Ich hatte Max auch angeboten, bei mir zu wohnen. Meinem Wiener Strahlemann verging auf der Stelle das Lächeln. Der Aufenthalt des Ex' in Wien behagte Tom ganz und gar nicht.

„Wir treffen uns vorher am Naschmarkt, und ich fahr dich dann rüber zur Oper ...", zitierte mich Tom nach Büroschluss in seine Arme. Damit ja nicht zu viel Zeit für Max übrig blieb, sollte ich Tom unbedingt vor der Oper auf einen Kaffee treffen und danach natürlich brav bei ihm übernachten. Während Max' Gastspiels in Wien füllte Tom die Partie des Platzhirschs an meiner Seite schon mal bühnenreif aus.

Der Nachmittag in der Wintersonne im „Neni" am Naschmarkt entschädigte mich für seine Eifersüchtelei. Wir zwei saßen verliebt auf dem überbauten „Wienfluss", der Feinschmeckerinsel der Wiener. Zwischen Institutionen wie „Gurken-Leo" und „Dr. Falafel" roch es trotz der Kälte überall nach orientalischen Gewürzen und Oliven und weiter vorn nach frischem Fisch. Wenn man sich durch das Gewusel von Händlern, Kunden und Flaneuren durch die engen Marktgänge zwängte, musste man stets aufpassen, dass einem nicht ein Zahnstocher den Weg versperrte, auf dem die Händler allerlei Köstlichkeiten zum Probieren feilboten. Tom und ich saßen fernab geschützt im gläsernen Bistro-Anbau und genossen genügend Ablenkung bei Humus und einem weißen Spritzer. „Ich weiß, es kann nur einen geben", lächelnd versuchte ich, ihn auf meine Abendgestaltung einzustimmen, „aber ich hatte Max doch schon eingeladen, bevor ich dich kennengelernt habe."

„O Gott!", dachte ich dann nur noch. Auf dem Weg zum Auto sollte sich die Nähe meiner Wohnung zum Naschmarkt plötzlich bitter rächen. Wie ein rohes Ei wollte Tom mich, seine wertvollste Fracht, in seinem schnittigen Sportwagen höchstpersönlich an der Oper abliefern, doch circa zweihundert Meter entfernt kam uns gerade Max entgegen, wie gewohnt zu Fuß in die Oper unterwegs. Seinen Gang erkannte ich mit geschlossenen Augen. Eine Begegnung der beiden hielt ich für eher suboptimal.

„Komm mal mit!" Ich griff Tom bei der Hand und zog ihn hinter einen der riesigen Mistkübel, die vor den Buden am Naschmarkt standen. Ich versuchte es jedenfalls, aber mein Wiener Alphatierchen wehrte sich prompt. Die nächste Frau in seinem Leben würde ihm schon mal gar nicht sagen, wo es langgeht! „Wos mochst'n da?" Tom lachte, stand aber immer noch kerzengerade vor mir und dem Kübel, während ich versuchte, ihn dahinter zu zerren. „Wonach sieht das wohl aus? Ich verstecke mich!"

„Ach, und vor wem?" Hätte ich jetzt nur „grässlicher Kollege", „doofer Pressesprecher", „aufdringlicher Protagonist" oder „heimlicher Verehrer" gesagt – ich hätte mir viel erspart an diesem Abend. Aber Schwindeln kam nicht infrage, also sagte ich: „Da vorn kommt Max!" Ich hatte Tom fast im sicheren Versteck, als er nun erst recht davorlief und rüber zu Max rief: „Wieso verstecken wir uns dann?" Zum Glück war Max konzentriert in Richtung Oper unterwegs. Bei Tom aber liefen sämtliche Sicherungen heiß. „Also gschämt hot si für mi no kaane!" Mit Wiener Wut im schnittigen Sportwagen – ein Scheidungsauto, das sich Tom nur zum Trost über seine gescheiterte Ehe gegönnt hatte – flogen wir über die Wienzeile bis hin zur Oper. Er raunzte etwas von: Es wäre ihm ernst, ich müsse das verstehen. Ich konnte mich im Auto kaum halten, nicht mal vor Lachen. Als ich ausstieg, fragte ich: „Und wann sehen wir uns?"

„Schaumamal ...!" war Toms Antwort.

März

Schaumamal

„Schaumamal!" Jeder in Wien weiß, das heißt nichts Gutes. Denn sagt der Wiener „Schaumamal!", meint er keineswegs verbindlich „ja", sondern das absolute Gegenteil. „Schaumamal" klingt für deutsche Ohren wie: „Ich werde sehen, was ich für dich tun kann." Aber tatsächlich meint der Wiener: „Ich werde *irgendwann* sehen, was ich für dich tun kann, ich weiß aber schon jetzt, dass ich dabei nichts entdecken werde."

„Der Wiener mag es nicht, wenn man so ganz klar *ja* oder, noch schlimmer, *nein* sagt!" Rüdiger Hoffmann stand gerade zwischen seinem blitzenden Kaffeeautomaten und unserer Fernsehkamera, als er mir seine Wien-Erfahrungen ins Mikrofon diktierte. „Hier sagt man: ,Schaumamal!' Und früher habe ich tatsächlich geglaubt, das sei was Positives." An der Stelle musste Kaffeeexperte Hoffmann über sich selbst lachen.

Mein Film über das deutsch-österreichische Verhältnis machte Fortschritte. Hoffmanns Integration ebenfalls. Nach siebzehn Jahren als Migrant in Wien wusste der Hamburger, wie man „Kaffee" richtig ausspricht, dass man im Supermarkt Deka statt Gramm bestellte und wie man auf Österreichisch nein sagt. „Da müssen Sie hier schon ein bisschen diplomatischer sein", sagte Hoffmann und machte vielsagend große Augen. Als mein Handy in meiner Tasche brummte. Schaumamal-Tom war dran. Er würde etwas warten müssen.

Rüdiger Hoffmann hatte sich gerade ein sehr heikles und sensibles Thema zur Lebensaufgabe gemacht: Österreichern das Kaffeekochen beizubringen. „Da traut man sich als Deutscher schon sehr weit vor!" Denn Deutsche im Wiener Kaffeehaus-Business – genau, das ist, als hätte man den Bock zum Gärtner gemacht. Wieder lachte Hoffmann und geriet sofort ins Schwärmen. „So etwas wie die Kaffeehauskultur mit all den wunderschönen Rezepten, der Tradition, so etwas finden Sie doch so nur hier in Wien!" Recht hatte der Mann! Wo sonst auf der Welt gab es so berühmte Kaffeehäuser inmitten pompösen Erbes imperialer Vergangenheit? Und wo sonst auf der Welt mischte sich die Vorfreude auf einen duftenden Kaffee derart perfekt mit Pferdeapfelaroma wie etwa rings um den Michaelerplatz am Tor zur Hofburg, wo die Fiaker auf Kundschaft warteten?

Ein Wiener Kaffeehaus war für mich stets wie eine kleine Zeitreise. Seit Ende des 17. Jahrhunderts dienten sie Dichtern und Denkern als Arbeitsplatz, Intellektuellen als Wohnzimmer, um über Gott und die Welt zu reden. Und so fühlte man sich immer noch. Denn Kaffeehäuser zu renovieren galt zum Glück als Todsünde. Und so hatten sich die vielen Geschichten über Jahrzehnte im Tapetengilb der Wände einquartiert. Wenn man im gemütlich-schummrigen Licht auf einem der manchmal schon arg mitgenommenen Polster Platz genommen hatte, konnte man all die Menschen beobachten, die, über Zeitungen, Bücher oder Manuskripte gebeugt, gerne alleine sein wollten, aber dazu eben dann doch Gesellschaft brauchten, wie es so schön hieß. In Wien traf man sich vor wichtigen Entscheidungen und zu Geschäften stets auf einen kleinen Schwarzen oder großen Braunen. Man lernte sich kennen bei Melange und Verlängertem, und selbst wenn dann die Wege wieder auseinandergingen, man sich trennte, hieß es in Wien: „Gemma auf a'n Kaffee ..."

An die tausend Kaffeehäuser gab's angeblich in der Stadt, die allerersten nach der Türkenbelagerung 1683. Vielleicht war es aber auch ein Armenier, der 1685 das erste lizensierte Kaffeehaus bei sich in der Wohnung gleich hinter dem Stephansdom eröffnete. Wie auch immer, Kaffeehäuser gehörten seither zu Wien wie Berge nach Österreich.

„Gnädige Frau, womit darf ich Sie verwöhnen?" Wenn man als Deutsche bei diesem Satz nicht mehr zusammenzuckt, sondern ein Grinsen aufsetzt und mit Schmäh zurückfragt: „Aber, Herr Franz ... Hier im Café?", hat man schon mal viel geschafft in Wien.

„Was darf ich für Sie tun, g'nä Frau?", fragte Oberkellner Visa im „Hawelka" in der Dorotheergasse. Und wenn er neuerdings so klang, als wäre es eine besondere Ehre, die Bestellung gerade bei ihm aufzugeben, dann seit der Adelung der Wiener Kaffeehaustradition als UNESCO-Kulturerbe. Als „Herr Ober" stand er ja quasi mit unter Denkmalschutz.

„Das UNESCO-Abzeichen wurde aber keinesfalls wegen der Qualität des Kaffees vergeben", rümpfte mein deutscher Experte dezent die Nase und sagte hinter vorgehaltener Hand: „Der Kaffee ist in Wien manchmal schon eher scheußlich. Schlechte Bohnenqualität, verdreckte Kaffeemaschinen, da ist noch viel zu tun!"

Wiens Kaffeehäuser hatten die Auszeichnung vielmehr ihrem wohligen Charme zu verdanken. Marmortische, Samtpolster, Kronleuchter, wusste Hoffmann. Für mich gehörte unbedingt auch das Personal mit auf die Ambiente-Liste. Ohne grantelnde Ober im „Prückel" oder die Froilleins im „Café Sperl", die bequeme Fußbettgesundheitsschlappen zu weißen Spitzenschürzchen auf schwarzen Röckchen trugen, ohne die würde mir etwas fehlen. In Deutschland findet man das entweder gar nicht oder man findet es spießig. Hier in Wien war es Kultur. In den verschlissenen und manchmal noch warmen Sesseln im „Hawelka" fühlte man sich sofort wie zu Hause. Hier konnte ich auch trotz des Rummels meine Gedanken sortieren, Geschichten ausbrüten oder einfach nur in einer Kaffeetasse rühren. Meine Kollegen in Deutschland scherzten schon: „Kaffeehauskorrespondentin". Aber das „Hawelka" passte, wenn es um Wien ging, fast in jeden TV-Beitrag. Und es hatte im Sommer wie im Winter das ewig gleiche und beste schummrig-warme Licht der Stadt.

Wenn wir die Kamera aufbauten, saß Gründer Leopold Hawelka trotz seiner fast hundert Jahre daneben. In einem frisch gebügelten Hemd auf seinem Platz an der Theke. Über ihm glomm die alte Wandlampe, die mehr Schatten als Licht auf sein gutmütiges Gesicht und das kleine Marmortischchen neben ihm warf. Hawelka war Stammgast im eigenen Hause. 1939, vor einer Ewigkeit also, hatte er zusammen mit seiner Frau die wegen der Separees anrüchige „Je t'aime"-Bar übernommen. Wenig später schon wärmten sich bei ihm berühmte Literaten und Maler wie Hans Weigel oder Friedensreich Hundertwasser. Manch Bild soll der kluge Hawelka für ein paar kleine Braune abgekauft haben. Wie viele Kaffeehausszenen hatte er wohl in all den Jahren beobachtet, dachte ich. Wie vielen Verliebten eine Melange serviert, wie viele verzweifelte Schriftsteller anschreiben lassen. Wiens berühmtester Kaffeesieder hatte seinen hundertsten Geburtstag noch in seinem „Hawelka" gefeiert. Als ich in der Zeitung von seinem Tod las, waren Drehs dort nicht mehr dieselben. Das „Hawelka" und Wien hatten eines ihrer Wahrzeichen verloren.

Das zischende Kaffeemonster neben dem Deutschen Rüdiger Hoffmann holte mich zurück in die Gegenwart. Hoffmanns Kaffeehaus-Nachhilfe in Sachen Wasserdruck und bei der Frage „Filterkaffee, ja oder nein?" nahmen inzwischen sogar österreichische Kunden an: „Aber klar! Ihr Deutschen nehmt es doch oft genauer ...", würdigte jetzt einer von Hoffmanns Kunden, „und dabei kommt dann eben manchmal

auch mehr raus als bei uns. Das muss man schon zugeben!",
sagte der Kunde, und Hoffmann wurde ein Stückerl größer.

Puh, denkt sich der Piefke, es gibt sie also doch: Anerkennung und Respekt für deutsche Tugenden wie Gründlichkeit, Pünktlichkeit, Arbeitseifer. „Nur drückt sich in Wien die Wertschätzung uns Deutschen gegenüber halt manchmal etwas subtiler aus!" Hoffmann grinste.

Mein Kollege von der Süddeutschen Zeitung war derselben Meinung. In unserem Interview über die deutsch-österreichische Freundschaft wurde er so deutlich, dass es nach der TV-Ausstrahlung zu wochenlangen Proteststürmen von Österreichern im Internet kam. Dabei fing er ganz harmlos an. „Österreich ist das Königreich des Uneigentlichen, wo nichts ist, wie es scheint. Das heißt, hier etwas zu sagen, was genau so ist, gilt als indiskret und ungehobelt. Deswegen gelten Deutsche auch als unhöflich und roh, weil sie oft sehr direkt sind." Die Liste der Vorurteile den Deutschen gegenüber sei gerade in Wien sehr lang, wusste er. Das hätte aber nicht nur Nachteile. Ganz im Gegenteil.

„Reden Sie mal mit Arbeitgebern", forderte er. „Deutsche gelten in Österreich als pünktlich, motiviert, fleißig, gut ausgebildet, froh, Arbeit zu haben. Das ist die positive Seite der, wenn man so will, fast rassistischen Medaille. Wird ein Ingenieur, eine Bedienung oder ein Hausmeister gesucht und bewerben sich neun Leute, aber ein Deutscher ist darunter, kriegt natürlich der sofort den Job." Das allein war schon provozierend genug, aber er setzte noch einen drauf. „Österreicher haben Deutsche zwar nicht gern, aber sie bewundern sie. Sie fühlen sich gar zu ihnen hingezogen." Dieser letzte Satz traf die Österreicher bis ins Mark. Im Internet hagelte es nach dem TV-Beitrag Beschimpfungen und Beleidigungen. Dabei hatten wir nur versucht, uns dem Thema nicht allzu ernst zu nähern. Aber die Rechnung hatten wir ohne die Österreicher gemacht, die ebenfalls deutsches Fernsehen sahen. Zwei Reifenpannen später – ich will allerdings nicht ausschließen, weil natürlich die Möglichkeit besteht, dass ich zweimal hintereinander in einen Nagel gefahren bin – fühlte ich mich wieder wie am Anfang, so, als hätte ich nichts verstanden.

„Nichts trennt Österreicher und Deutsche mehr als die gemeinsame Sprache." Dieses Zitat, ob nun als das von Karl Kraus oder Bernhard Shaw, wird an dieser Stelle gern bedient. Es ist der Satz, den man als Deutsche in Wien früh hört, aber erst sehr spät versteht. Dass es nicht allein an Vokabeln wie „Paradeiser", „Sackerl" oder „Stiegenhaus" liegt, wusste ich ja bereits. Es sei das Piefke-Hochdeutsch, das in österreichischen Ohren nach Kasernenton klingt, vermuteten Forscher der Uni Graz. Die Antipathie, die Österreicher uns Deutschen gegenüber entwickelten, hätte mit dem Klang unserer Sprache zu tun. Der Österreicher schätzt es zwar, wenn Deutsche die richtigen Ausdrücke beherrschen, statt eigene Wörter wie „Tomate", „Tüte", „Treppe" oder gar sein „Tschüss!" mitzubringen. Aber das alleine reicht nicht. Es muss schon auch charmant nach „Sackerl" klingen. Und das bitte im ganzen Satz.

„Schatzerl, wer sich in Wien zurechtfinden will, der braucht dazu net vü!", belehrte mich Tom zunächst in Sachen Sprachmelodie. „Da wäre zuerst mal der Diminutiv! Wir Österreicher verkleinern die Dinge, wo wir können: Zuckerl, Schnitzerl, Krügerl, Pupperl. Und das ‚l' dabei schön nach vorn, ran an die Schneidezähne. Das klingt dann schon mal lieblicher. Schatz wird zum Schatzerl, Fleck zum Fleckerl, Rest zum Resterl, und der Hund is a Hunderl ..." Ich ergänzte: „Ja, ja, und das Sackerl is fürs Gackerl!" Und ich hätte es sogar gegen die deutsche Version „Tüte für Kacke" oder „Hundekotbeutel" verteidigt.

Tom war mein Navigator, nicht nur für die Schönheiten

der Gegend wie die Wachau etwa zur Marillenblüte, für einen Kaffee im nahen Bratislava, einen Ausflug in die Küche Sloweniens oder an den Neusiedler See, wo wir im „Haus im See", einem kleinen Hotelrestaurant auf der ungarischen Seite, mitten im See ein romantisches Wochenende verbrachten. Tom war der Schlüssel zu Österreich und mein sicherer Kurs durch Wiens Eigensinn. „Im Zweifel", fuhr er fort, während er gerade in seiner Küche an einem Schnitzel und gleichzeitig an meinen Sprachfertigkeiten herumdokterte, „im Zweifel wählst' imma das sächliche Geschlecht: *das* Cola, *das* Service, *das* E-Mail, *das* SMS und so weiter ..."

Tom nannte den Gemeindebau im 14. Bezirk, in dem er wohnte, scherzhaft „Kosovo", weil der rein äußerlich so wenig mit dem zu tun hatte, was Wiens Architektur ausmachte. Aber als unterhaltszahlender Papa war das „Kosovo" natürlich die beste Art, Miete zu sparen. Tom war in den zwei Jahren Nichtehe nicht nur zum perfekten Koch aufgestiegen. Er konnte inzwischen auch ein Hemd in exakt zweieinhalb Minuten bügeln, worauf er besonders stolz war. Es war das Erste, was er sich nach der Scheidung mithilfe einer Anleitung aus dem Internet beigebracht hatte.

„Und dann ...", Tom verzierte unser Schnitzel auf dem Teller und bog derweil mein Österreichisch zurecht. „Du kaufst etwas *um* zehn Euro, nicht *für*. Du *bist* gelegen, du *bist* gestanden, net *hast* gestanden, kapiert? Du *bist* gesessen, als du auf *das* Cola *um* zwei Euro gewartet hast, bevor du *zu* Haus statt *nach* Hause gegangen bist. Und du wohnst *am* statt *auf* dem Land. Ist eigentlich ganz einfach", dozierte Tom Wiens grundsätzliche Sprachregeln, bereits kauend.

„Des is des, was ma hören kann. Dann is da aber a noch des, wasma net hörn kann!" Schaumamal-Tom meinte die berühmten Zwischentöne. Die meisten Informationen waren in Wien nämlich zwischen den Zeilen zu entnehmen.

„Das macht ihr doch nur, damit ihr Österreicher euch besser von unserer deutschen Genauigkeit abgrenzen könnt!", sagte ich. Aber mir war klar: Wer diese Kunst des Zwischen-den-Zeilen-Lesens nicht verstand, musste in Wien unweigerlich mit Komplikationen rechnen. Schon wann hier „rechtzeitig" auch „pünktlich" bedeutete, konnte niemand sagen. „Es kommt drauf an, wie ma's sagt!" Mehr Präzision war von Tom nicht zu kriegen – nicht mal mir zuliebe.

„Ich würd dir gern bald meine Kinder vorstellen", sagte er plötzlich. Ich nickte und suchte den Satz nach geheimen Botschaften ab. Für eine Familienzusammenführung war es noch etwas früh, aber der Gedanke gefiel mir.

Nach dem Essen holte er formell seinen einzigen eingemotteten Anzug hervor – allen Ernstes sein grauer Hochzeitsanzug. „Meinst, du nimmst mich so mit ins Theater an der Wien oder ins Burgtheater? Ich hob ihn extra ändern lassen!"

„Schaumamal!" war jetzt wohl keinesfalls die richtig Antwort.

„Wir Österreicher sprechen eh das viel deitschere Deitsch!", hatte mir unlängst auch Sofie vorgeworfen. Ich wunderte mich, warum selbst meine Freunde darauf bestanden, das schönere Land zu bewohnen und die deutschere Sprache zu sprechen.

„Deutscheres Deutsch? Am Ende wollt ihr noch die richtigeren Deutschen sein?", fragte ich amüsiert zurück.

„Nehmen wir doch nur das Wort ‚Topfen'", erwiderte Sofie, „ihr sagt ‚Quark'. Fürchterlich! Topfen aber gewinnt man aus gestockter Milch. Früher wurde das in einem Topf gemacht, Topfen halt. Oder nimm ‚Sahne'!"

„Das wird doch jetzt kein Rezept?", ulkte ich.

„Nein, noch ein Beispiel für deutscheres Deutsch. Wir sagen ‚Obers', und das ist das richtigere Deutsch, weil es früher das Obere war, was man von der Milch abgeschöpfte. Ihr Deitschen ‚lauft‘, wenn ihr eigentlich ‚gehen‘ meint, und ihr ‚macht‘ euren Fernseher ‚an‘, statt ihn ‚ein- und auszuschalten‘.“ Ich wusste, Sofie hätte jetzt stundenlang so weitermachen können.

„Mir stinkt's a'ch“, sagte jetzt auch Tom, „dass ma schon mehr und mehr do in Wien ‚Tomate‘ zum Paradeiser sagt. Paradeiser sind's oba, weil uns die Italiener die ‚pomo di paradiso‘ gebracht haben. Deine deitsche ‚Tomate‘ kommt aus dem Mexikanischen! Und dess unser schöner Erdapfel jetzt a scho imma mehr a deitsche ‚Kartoffel‘ is, des stinkt ma a'ch.“

„Es miachtelt“, korrigierte ich. „Bitte wos?“

„‚Mir stinkt's‘ heißt in Wien: ‚Es miachtelt‘“, übersetzte ich, mit starkem deutschen Akzent. Noch bevor Tom Luft holen konnte, schwärmte ich: „Hör mal: Paradeiser, Stiege, Gusto – das klingt tausendmal besser. Genauso wie ‚fadisieren‘, ‚enthusiasmieren‘ und ‚attraktivieren‘. Und ich fühle mich auch gleich viel besser, wenn ich zuallererst mal ‚ergebenst ersuche‘, bevor ich dann ‚erwäge, höflichst zu urgieren‘, damit etwas endlich ‚einlangt‘, bevor ich es ‚retournieren‘ kann. Deutsch ‚nachfragen‘ und ‚zurückschicken‘? Pfui, so etwas flegelhaft Eindeutiges kommt mir jedenfalls nicht mehr über die Lippen.“

„Ihr präpotenten Deitschen mit eurer Krautkompetenz“, fuchtelte mir Tom mit dem Kochlöffel vor meinem Gesicht herum. „Wir Österreicher ham scho Opern komponiert, da habt's ihr noch im Elbschlamm nach Würmern g'sucht!“

„Der wird mi no komplett infiszieren mit sane Friedhofsjodler ...“, Alex sah vorwurfsvoll zu seinem Helmut rüber, der gerade kräftig verkühlt in ein Taschentuch schnäuzte und dabei raunzte: „Imprägnier ma bloß net mit deine Fremdwörta! Promillier' ma uns lieba! Annie, zwaa 16er!“

„Hast' des g'lesn ...?" So fingen inzwischen meine liebsten Gespräche nach Redaktionsschluss an. Die erste Sonne wärmte den Wienern das Gemüt, auch an der Würstelbox. Es war, als erwachte die ganze Stadt vorsichtig aus ihrem Dämmerschlaf.

„Die Zeitung do hat a'ner scho g'fladert, oba ihr Deitschen führts bei uns in Österreich die Kriminalstatistik an. Des schreiben's morgen ganz vurn auf'n Titel!"

„Deutsche unter Ausländern am kriminellsten." Die Headline hatte es wirklich in sich. Bestimmt war sie morgen auf allen Titelblättern in Österreich zu finden. Aufmacher wie diese verkauften sich hier gewiss. Das war mir sofort klar. Aber konnte das denn stimmen?

Von den von der österreichischen Polizei als Tatverdächtige ausgeforschten Personen, so stand da, natürlich völlig vorurteilsfrei, in der Zeitung, sei fast jeder Dritte ein Ausländer. Die Kriminellsten aber unter ihnen seien die Deutschen, gefolgt von Serben und Türken. „Es war ein sehr schwieriges Jahr. Besonders stark angestiegen ist die Zahl der Einbrüche", bedauerte der Direktor des österreichischen Bundeskriminalamts den kriminellen Ansturm. Es gebe kaum noch jemanden, der keine Betroffenen im Verwandten- und Bekanntenkreis habe. „Da, wo unsere Österreicher am wehrlosesten und irritiertesten sind", beweinte der Herr Direktor die soeben vorgelegte Statistik.

Deutsche Einbrecher in Österreich? „Das ist doch jetzt Schmäh, oder?", fragte ich in die 16er-Runde.

„So weit is scho ...", witzelte Alex, „jetzt nehmts ihr Deitschen a no den osteuropäischen Einbrecherbanden den Job weg!"

Die Schlagzeile über die kriminellen Deutschen war wie gemacht für meinen Film über das deutsch-österreichische Verhältnis, aber ich glaubte kein Wort. Wenn das alles Deutsche waren, was war denn dann an den berühmt-berüchtigten osteuropäischen Einbrecherbanden dran, die Wien angeblich Monat für Monat nach Beute abgrasten? Ich hatte dabei noch nie etwas von sächselnden Ganoven aus Zwickau oder Langfingern aus Niederndodeleben gehört. Und wozu hatte die Wiener Polizei erst kürzlich – extra zur Bekämpfung des Phänomens – eine Sonderkommission zusammengetrommelt? Und die auch noch „SOKO Ost" getauft? Gegen die deutsche Ganoven-Invasion agierte die doch dann in komplett falscher Himmelsrichtung!

Auf meine Anfrage hin zuckten selbst die Leiter österreichischer Gefängnisse mit den Schultern. In den Justizvollzugsanstalten Österreichs jedenfalls waren Deutsche keineswegs zahlenmäßig relevante Insassen. Das hieß doch, gegen uns wurde in Österreich haufenweise ermittelt, aber verknackt wurden Deutsche selten. Wie passte das bloß zusammen?

Tags darauf hatten sich bereits alle großen österreichischen Zeitungen auf die kriminellen Deutschen eingeschossen. Im Bundeskriminalamt in Wien räusperte man sich kurz und versuchte, die vage österreichische Antwort hinter einem möglichst breiten Lächeln zu verstecken. Den Trick kannte ich inzwischen.

„Na, die bösen Buben sind schon net alle bei uns in Österreich! Aber Österreich ist ein kleines Land, das wird gerne von bundesdeutschen Bürgern besucht. Insgesamt sechzig Millionen Besucher jedes Jahr, und davon sind ein ganz, ganz kleiner Teil straffällig. Statistisch gesehen führen die Deutschen aber unsere Statistik an." Er lächelte immer noch und verschränkte bereits siegessicher die Arme. Er glaubte tatsächlich, ich würde mich mit Touristenzahlen zufriedengeben.

„Um welche Delikte handelt es sich denn? Im Knast landen die Deutschen jedenfalls nicht."

„Die Deutschen führen, wenn Sie das so meinen, nicht bei den strafbewährten Delikten, bei Haus- und Wohnungseinbrüchen oder Raubüberfällen. Da scheint der Deutsche gar nicht auf, da gibt's ganz andere Nationen, das kann ich Ihnen vergewissern!"

„Und wo genau führen die Deutschen dann?" Ich wurde ungehalten, diesem Pressesprecher musste man ja alles aus der Nase ziehen!

„Nun, wenn man diese Statistik genauer betrachtet, sich also ansieht, um welche Delikte es sich handelt, dann verändert sich das Bild natürlich etwas. Die Deutschen sind führend in erster Linie bei Fahrlässigkeitsdelikten. Autolenker im Straßenverkehr, Unfälle, auch Sport- und Skiunfälle sind dabei."

„Sie geben allen Ernstes eine Statistik mit Straßenverkehrsunfällen raus und behaupten dann, die Deutschen sind die Kriminellsten, obwohl sie nur relativ häufig in Verkehrsunfälle verwickelt sind, und das auch nur, weil sie haufenweise als Touristen durchs Land fahren?

„Diese Schlagzeile haben wir ja nicht gedruckt, sondern das waren die Zeitungen."

„Aber das BKA hat sich auch nicht gerade gegen die Darstellung gewehrt! Der Kurier schreibt auf der ersten Seite: ,Hauptherkunftsländer der Straftäter: Deutschland'!"

„Ich glaube, das ist eine Nachricht, die wird eher von Deutschland geschürt und weniger von Österreich." Der BKA-Mann lächelte jetzt wieder sein Österreicher-Lächeln.

„Quatsch", sagte ich, „in Deutschland liest keiner österreichische Kriminalstatistik zum Zeitvertreib." Er versuchte die Höflichkeitstour. „Wir freuen uns über jeden bundesdeutschen Gast. Wirklich. Und wenn er nicht kriminell wird, noch besser. Unser Land sollte ja nicht überschwemmt werden von kriminellen Subjekten, nicht wahr. Ich zum Beispiel habe ein sehr positives Verhältnis zu Deutschen! Also bei der Fußball-WM, da möchte ich nicht schwindeln, aber ich halte in der Formel 1 immerhin dem Vettel die Daumen. Wissen Sie, ich kenne in Wien Deutsche, die ganz und manchmal und oft und viel lästig sein können. Ja, lästig! Die sind wirklich penetrant, genau ...", der plötzlich redselige BKA-Mann wollte er jetzt am liebsten „so wie Sie" sagen, zumindest zwischen den Zeilen. „Da gibt's Eigenschaften, die ich aufzuzählen jetzt lieber unterlasse. Derjenige, den ich meine, der erkennt sich sonst noch, wenn er das Interview im Fernsehen sieht, und dann ist er mir sicherlich bitterböse. Aber wie soll ich Ihnen das jetzt erklären? Wenn ich sage, auf Wienerisch: ‚Na, a wengl hamma scho no Zeit‘, dann will er genau dieses ‚Wengl‘ wissen, was das genau ist. Ich muss dem deutschen Kollegen immer ganz genau sagen, ‚um 17.05 Uhr‘ oder ‚um 19.08 Uhr‘. Das ist für einen Österreicher recht enervierend."

„Aber bei der Polizei kommt's doch manchmal auf den richtigen Zeitpunkt an!"

„Schon, aber wir freuen uns über jeden deutschen Gast in Österreich. Mit den deutschen Studenten hat es a bissl ein Problem gegeben. Jetzt ist schon wieder meine vage Angabe: ein bissl. Wie viel ist denn das schon wieder? Aber mit den kriminellen Deutschen gibt es keins, und wenn doch, kommen wir ihnen eh schnell auf die Schliche."

Mir wurde in diesem Gespräch klar: Der Österreicher spricht grundsätzlich nicht gerne Klartext, und wenn, dann so verklausuliert, dass wir Deutsche das gar nicht mehr verstehen können. Österreicher sind höflich bis zur Unkenntlichkeit! „Ich danke Ihnen für dieses Gespräch!", sagte ich zum BKA-Mann, da summte auch schon mein Handy.

„Sofie spricht! Du, ich bin a bissl spät", sagte die jetzt passend präzise am Telefon. „Du weißt ja, die Galerie! Aber unser Tisch ist um sieben bestellt, und dann will i alles über Tom wissen. Ach, der Tisch ist bestellt auf Dr. Zweifelhofer!"

„Ich wusste gar nicht, dass du Frau Doktor bist!", erwiderte ich anerkennend. „Bin i a net. Bei uns b'stöht ma imma mit Titel, sonst kriegst kaan gscheitn Tisch!"

Titel waren ebenfalls wichtig in Österreich. Das merkte man spätestens bei Gericht oder – viel lustiger – im Wartezimmer beim Arzt. Dann nämlich, wenn „der Nächste, bitte" erst nach Verlesen sämtlicher erreichter Hochschulabschlüsse mit „Frau Magistra Watzinger, bitte" ins Behandlungszimmer vorgelassen wurde. Oder beim Fußball, wenn auf dem Rasen die Nummer zehn mit „der Herr Magister Kocever" einlief, weil der nämlich als knallharter Abräumer auch Rechtswissenschaften studiert hatte. Hätten doch früher noch mehr Fußballspieler studiert. Vielleicht wäre uns dann jene Radioübertragung aus Córdoba 1978 so in Erinnerung geblieben: „Ing. Koncilia schlägt ab, Dr. Prohaska dribbelt vorbei am deutschen Verteidiger Hölzenbein, Dr. Prohaska gibt jetzt ab an Mag. Krankl, Mag. Krankl hat den Ball, Mag. Krankl geht nach vorn, lässt den deutschen Rüssmann hinter sich, Mag. Krankl hat nur noch Maier vor sich, Mag. Krankl … Mag. Krankl schießt …"

„Wir haben die Adelstitel in Österreich abgeschafft, aber irgendwie trauern wir ihnen halt imma no nach!" Schnaufend und wenig akademisch hatte sich Sofie soeben als „Frau Dokta" an unseren Tisch plumpsen lassen. Mit den Adelstiteln war Österreich tatsächlich viel strenger als Deutschland. Dort durfte ein Herr Graf seinen Titel weiterhin im Namen tragen. In Österreich dagegen war das Führen von Adelstiteln sogar unter Strafe gestellt. Hier hatte man den Adel 1918/1919 viel konsequenter mit sämtlichen Von-und-zu-Privilegien abgeschafft. Rechtlich zumindest, denn gesellschaftlich waren Adelsprivilegien in Österreich umso mehr erhalten geblieben. „Wir sind Kaiser!" hieß bezeichnenderweise eine Satire-Sendung im ORF, in der Robert Heinrich I. äußerst unterhaltsam Hof hielt und je nach Kaiserlaune und im Pluralis Majestatis prominenten Gästen Audienz gewährte. Die Sendung komplett abzuschaffen gelang dem ORF ebenso wenig wie dem Land, den Adel aus Österreich zu verbannen – sie war einfach stets der Quotenhit.

„Seit ma net mehr ,Herr Hofrat' oder ,Herr Graf' sagen dürfen", erklärte Dr. Zweifelhofer, „seither san uns die andern Titel halt no wichtiger! Uns ist lieba, wir vergöbn aanen Titel, den keiner hat, bevor ma jemand beleidigt. Da sagt ma lieba ,Herr Direktor' oder ,Herr Doktor', des geht imma. Die akademischen Titel ersetzen uns die Adelstitel."

„Aber wenn jeder ,Herr Dokta' sein kann, was hat das dann für einen Sinn?", fragte ich.

„Keinen, wir machen es so!", war Sofies Antwort, und ich erinnerte mich an den letzten Besuch im Burgtheater. Da war an manch gut verkauften Abenden die Platzauswahl zwar gering. Die Titel beim Bestellvorgang gingen ihnen aber niemals aus. Man konnte als Assessor oder Bakk., als DI oder Dr., als Ing. oder Mag. oder gar als Dr. MMag seinen Platz im ersten Haus am Ring reservieren, was freilich auch auf dem Billett dann penibelst (und für jeden sichtbar) notiert war.

„Und? Wie is er nu, dein Tom?" Sofie wollte offensichtlich das Thema wechseln.

„Jedenfalls ist er kein Dokta", lächelte ich. „Tom ist tatsächlich klug und charmant, ganz ohne Titel!"

April
Deutsche made in Austria

BLAU, BLAUER … SCHWANGER? Um Gottes willen! Hastig griff ich zur Bedienungsanleitung. Wie immer erst hinterher! In Österreich wurde ich noch zur Beipackzettelfetischistin. Wo stand da etwas von … wie viele Striche noch mal? An Lesen war allerdings nicht zu denken. Das Kleingedruckte verschwamm vor meinen Augen, mein Herz raste, und zwar hin und her, zwischen „Bitte nicht!" und „Bitte doch!", zwischen „O nein" und „O schön!", „Nicht jetzt!" und „Wann dann?". Die kleine Linie kämpfte sich durch den weißen Untergrund. Dunkler als Blau … Wieso war ich schwanger?

Es ist nicht so, dass ich damals das mit den Bienen, den Blumen und dem Klapperstorch irgendwie versäumt hätte, aber man hatte mir bislang bedenkenschwer mitgeteilt, dass ein eigener Ableger nur durch erhebliche medizinische Nachhilfe mit dem ungefähren Ausmaß einer Mondmission überredet werden könnte, mich als Mutter auszuwählen.

Aber da waren jetzt zwei blaue Dings, Striche. Kein Zweifel: schwanger! Na, wenigstens nicht todsterbenskrank, was ich angesichts der Dauererschöpfung ernsthaft für möglich gehalten hatte. Seit zwei Wochen war mir, als hätte mir jemand den Stecker gezogen. Schon die eine Stiege rauf zu meiner Wohnung kam der Besteigung des K2 nahe.

Immer noch blaue Streifen. Natürlich war es nicht schlimm, dass der Vater Österreicher war. Aber, Herrjemine, ich kannte ihn doch noch keine drei Monate.

Tom, mein Vater mit den drei Kindern. „Nummer vier ist da wohl doch kein allzu großes Wunder!", lächelte ich den

Schwangerschaftstest an. Tränen rollten mir übers Gesicht: „Mondmission accomplished! Na, bravo!", sagte ich zu mir selbst. Tom war ein Familienmensch, mit unglaublichem Feingefühl und größtmöglicher Fürsorge. Er wollte noch ein Kind, hatte er gesagt. „Aber vielleicht nicht gleich, nachdem er den Satz zu Ende gesprochen hatte!", ermahnte ich mich mit dem Test in der Hand. Wie sollte das mit uns funktionieren? Tom, mein Urwiener mit den Kärntner Genen, der Wien noch nie in seinem Leben verlassen hatte, außer wenn es sein musste, im Urlaub also. Für ihn endete die Welt hinterm Wienerwald. Er konnte sich nicht vorstellen, irgendwo anders als hier sein Leben zu verbringen. Warum auch? Was aber, wenn ich Wien wieder verlassen musste? Das Angebot vom Sender war begrenzt. Irgendwann würde ich sonst wohin geschickt oder zurück nach Deutschland. O Gott, und schwanger womöglich sofort!

Ich starrte die beiden blauen Linien an. Was sollte ich tun? Tom anrufen? So ein Schock war nicht gerade telefontauglich. Er war gerade in der Firma – schwieriger Umbau der kompletten IT. Schon Tage vorher war er sehr im Stress gewesen. Bestimmt unpassend für so einen Moment. Gestern hatte er mir außerdem noch vorgerechnet, dass er in drei Jahren, vier Monaten und zwei Wochen, dann, wenn sein Jüngster achtzehn Jahre alt würde, frei wäre. Dass er dann den Unterhalt direkt an seine Kinder und nicht länger an die Ex zahlen müsse, die sich davon ja doch nur vier Urlaube im Jahr gönne, wovon Tom überzeugt war.

Der Schwangerschaftstest machte diese Aussicht zwar nicht gerade zunichte, aber er stellte uns gerade, sagen wir mal, vor erheblich größere Anforderungen als eine deutsch-österreichische Freundschaft. Ich ging zum Fenster und griff zum Handy. In solchen Momenten rief ich immer erst einmal meine Mutter an.

„Hi, Mutsch!"

„Ach! Das Kind!", meine Eltern würden mich auch mit achtzig noch „Kind" nennen.

„Ja, ich bin's! Das Kind! Sitzt du?"

„Nein, wieso sollte ich ...?" Bei der Frage plumpste ich auf den nächsten Sessel, schnaufend, als hätte ich gerade einen Marathon absolviert. Das Waschmaschinen-Gefühl im Bauch, der Cocktail aus den Zutaten Schwangerschaftsübelkeit mit einem ordentlichen Schuss Adrenalin zeigte Wirkung. Ich starrte raus in den Blätterwald im Margaretenhof. Grün soll doch beruhigen, heißt es.

„Ich bin schwanger! Ich habe gerade einen Test gemacht."

Meine Mutter legte jetzt so viel Desinteresse in ihr „Ja, und?", als wäre der Informationsgehalt dieser Nachricht für sie ungefähr so bahnbrechend wie die Entschlüsselung der DNA bei serbischen Eintagsfliegen.

„Ich bin schwanger, und es ist ein Österreicher!", versuchte ich die Steigerung. Irgendwas davon musste doch bei ihr Entsetzen auslösen.

„Na und! Du wolltest doch immer Kinder." Das schien für meinen Vater das Stichwort, um neugierig die Ohren zu spitzen. Sicher saß er gerade mit ihr im Wohnzimmer, denn sie rief jetzt in seine Richtung, am Hörer vorbei: „Du wirst Großvater! Es wird aber ein Österreicher!" Sie klang dabei so gelassen, dass ich nicht sagen konnte, ob sie mit „Österreicher" nun das Kind oder den Vater dazu meinte.

„Aber ich kenne ihn erst seit zwei Monaten. Und er hat schon drei Kinder!", hyperventilierte ich, halb vor Freude, halb in Panik. „Und was, wenn ich zurückmuss nach Deutschland und nicht in Wien bleiben kann?" In mir überschlugen sich die Gedanken, was die Waschmaschinentrommel in meinem Bauch nur noch mehr motivierte.

„Das sehen wir dann, Kind!" Mein Vater drängelte jetzt

sein Ohr ans Telefon. „Also, mehr kann man als Korrespondentin für die Völkerverständigung zwischen Österreich und Deutschland ja nun wirklich nicht tun, was ... hihi! Jetzt gibt's also einen kleinen Deutschen made in Austria, hihi ...", witzelte mein Vater, nahm dann meiner Mutter den Hörer aus der Hand und wechselte in die Vater-spricht-mit-Tochter-Stimme. Irgendwas mit „Kind kriegen" und „Probleme lösen, wenn sie auftauchen". Meine Mutter fügte noch fürsorglich hinzu: „Und reg dich nicht so auf, das ist nicht gut fürs Kind, Kind!", während mein Vater im Wohnzimmer bereits fröhlich die Operette „Wiener Brut, Wiener Brut ..." anstimmte.

Als Nächstes musste nur noch Tom die Neuigkeit erfahren.

Ich musste gleich zu einem Dreh, aber brauchte jetzt dringend Entspannung: am besten einen diskreten Zuhörer. Freunde fielen da aus, sie konnten es ja unmöglich vor Tom erfahren.

Katharina! Friseurin und damit die bessere Therapeutin. So ein Friseurbesuch bei ihr war geradezu medizinisch indiziert. Und in ihrem Wohnzimmer-Salon bot Katharina dazu diskret Einzelgespräche.

Denn wenn man Katharinas Salon betrat, dann betrat man nicht irgendeinen Friseurladen, in dem jemand hektisch in der einen Ecke nach Lockenwicklern und dem Azubi schrie, in der anderen drei Föhne um die Wette fiepten und es streng nach Blondierungscreme roch. Katharinas Salon war eine Oase. Wenn man die Tür mit leisem „Dingdong" öffnete, stieg einem erst der zarte Duft von Vanille oder Sandelholz und dann gleich der von frischem Kaffee in die Nase. Meist hatte sie französische Chansons aufgelegt, zu denen man sie aus ihrem Kämmerlein fröhlich mitträllern hörte.

In den alten Kristallspiegeln, die sie wie die gesamte Inneneinrichtung im Fünfzigerjahre-Look vom Flohmarkt und vom Trödler in Wien zusammengelesen hatte, spiegelte sich das warme Rot der fein gemusterten Tapeten und das Bordeaux der schweren Samtvorhänge. Auf einem Servierwagen neben dem Frisierplatz waren ein paar frische Zweige mit großen, knallbunten Blumen drapiert, und überall hingen Ölbilder, natürlich selbst gemalt. Dann erst – vom „Dingdong" ihrer Tür an die nächste Kundin erinnert: Auftritt Katharina!

„Meine Liebe, wie schön! Hallo!" Wenn sie ihr Bussi links und Bussi rechts verteilt hatte, schwebte man beseelt von dieser Stimmung auf den Stuhl und musste sich erst daran erinnern lassen, dass man nur zum profanen Haaretrimmen hergekommen war. Denn keine zelebrierte das so wie Katharina. Sie war seit fünfzehn Jahren in der Stadt, kam aus Bielefeld und lernte ihren ersten Mann, ganz wie es sich für Wien gehörte, an einem Würstelstand kennen. Aus der Liebe zum Wiener wurde nichts, aus Liebe zur Stadt blieb Katharina in Wien, und jeder, der ihren Laden betrat und zu ihren Kunden zählte, war dankbar dafür.

„Meine Liebe, waren wir verabredet? Ich wollte gerade schließen!", sagte Katharina. „Das kannst du auch, kein Termin, ich muss eh gleich zum Dreh, aber vorher muss ich dringend mit jemand reden!", sagte ich und ließ mich erleichtert zur ausgiebigen Beichte auf Katharinas Stuhl fallen. „Ich bin schwanger!"

„Servus ...!" In dem Moment kam Sofie frisch frisiert von der Toilette. Das war auch schon egal, ich platzte förmlich vor Aufregung.

„Wo hast du den Schwangerschaftstest?", fragte Sofie, nachdem sie die überraschende Schlagzeile erfreut aufgenommen hatten. „Na wo wohl, im Mistkübel!", sagte ich entgeistert und fühlte mich gleich furchtbar unromantisch. „Muss man den denn aufheben?"

„Klar, um ihn zu verkaufen!", sagte Sofie.

„Wer kauft denn bitte einen gebrauchten Schwangerschaftstest?" Katharina und ich standen auf dem Schlauch. Für Sofie aber lagen die Gründe für den bizarren Handel auf der Hand: „Wer den Partner, die Eltern oder sonst jemand hereinlegen will!" Wie Sofie erzählte, waren zwischen Chicago und New York gebrauchte Schwangerschaftstests, positive wohlgemerkt, die Renner!

„Damit verbreiten inzwischen viele zu Hause jede Menge Schrecken. Oder als Druckmittel, um IHN endlich zum Heiratsantrag zu bewegen. Manche erpressen auch Geld für eine Abtreibung, um dann in den Urlaub zu fahren! Aber das ist nun wirklich Betrug!" Auch hierzulande auf Ebay wären sie zu haben: „,Schönes Geschenk zu Ostern oder unterm Weihnachtsbaum' stand da!"

„Wie krank ist das denn?", fragten Katharina und ich wie aus einem Munde. „Unsere Gesellschaft ist so krank!", erwiderte Sofie. „Wir sind bindungsunfähig, die Scheidungsraten steigen, die Geburtenzahlen gehen zurück." Sofie träumte schon von einem großen Kunstprojekt: „Nach der ,Wir haben abgetrieben!'-Fotokampagne in den Siebzigern müsste es heute auf den Fotos heißen: ,Wir haben vorgetäuscht!'", fand Sofie.

Den Dreh heute hätte ich am liebsten abgesagt, schon weil ich hundemüde war. Konnte ich aber unmöglich, denn endlich stand die Besetzung für meinen Film über Deutsche in Wien. Das war nicht leicht, denn genau jene gekränkten Deutschen, die sich untereinander andauernd Schauermärchen erzählten, wollten am Ende dann lieber doch nicht vor die Kamera. Auch Karl-Heinz nicht. Schließlich war er bei

Österreichern angestellt und hatte einen Wiener Personal-chef. „Nee, da kriege isch nur Probleme bei meine österreichische Kollesche!" Karl-Heinz fiel aus, aber als ich André Putzer traf, wusste ich: Der ist es! Bayer mit Berliner Schnauze, als Münchener in Berlin aufgewachsen.

„Det Komische is, ich hab mir das vorher nie klargemacht. Zu Hause biste Bayer, Berliner oder Schwabe, aber hier in Wien, da fühlste dich richtig als Deutscher, weil du andauernd drauf angequatscht wirst." André arbeitete als Manager und Abteilungsleiter für einen großen Versicherungskonzern in Wien. Und dort habe er anfangs gar nicht begriffen, dass seine österreichischen Mitarbeiter ihn gar nicht erst verstehen *wollten*.

„E-Mails zum Beispiel in Deutschland schreibst du höflich, aber bestimmt", beschrieb André den kleinen Unterschied. „Möglichst mit der kurzen und zeitsparenden Botschaft: Erledigen! So etwas geht hier gar nicht", wusste der Manager, und er hatte recht. Auch meine E-Mails waren seit Wien um mindestens einen ganzen Absatz länger, weil man erst mal einen Höflichkeitsparcours ritt. In Wien gehörte es sich, zuerst nach dem Wetter, dem Wohlergehen auch unbekannter Familienmitglieder zu fragen und zur Not nach den Topfpflanzen im Büro, bevor man konkret werden durfte und höflichst um sein Anliegen, natürlich nur vorsichtig, „ersuchte".

André war begeisterter Harley-Fahrer und hatte zusammen mit Wienern einen Harley-Stammtisch gegründet. Unter den Augen unserer Kameras waren gerade bei strahlendem Sonnenschein zwanzig knatternde Harleys den Ring am Parlament und am Burgtheater entlanggerollt. Inzwischen saßen die zwanzig Lederwesten zwischen lauter gestriegelten Business-Lunch-Anzugträgern draußen im „Café Landtmann" zum Interview. Ein tolles Bild.

„Nimm die WM oder die Europameisterschaft", fuhr André fort, „alle österreichischen Fußballfans sind schon mal grundsätzlich gegen die Deutschen. Denen ist sogar egal, gegen wen Deutschland spielt. Die andere Mannschaft ist immer die bessere. Ich interessiere mich nicht mal für Fußball, aber in so einer Anti-Atmosphäre, da wirste doch ganz von alleine zum Deutschland-Fan."

„Ihr Deutschen seid halt unsere Lieblingsfeinde", frotzelten seine österreichischen Harley-Kumpanen im Hintergrund.

„Und dann im Büro, da brauchst du viel Lobetechnik. Möchtest du was haben, musst du in Wien sehr, sehr freundlich sein. Und von uns Deutschen möchten die Österreicher nämlich nur gestreichelt werden."

Das war Erwartungshaltung bei vielen Österreichern. „Fishing for compliments" war eine der wesentlichen Vorgaben an Deutsche in Österreich. Dabei war es Österreichern völlig egal, ob man es auch so meinte. Hauptsache, wir taten es. Andrés Harley-Freunde machten an dieser Stelle große Augen und Gesichter, die zum Teil dem Blick von Oberstaatsanwälten standgehalten hätten.

„Ja!", reagierte André, „da braucht ihr gar nicht so zu gucken. So ist es. Du musst hier viel geduldiger sein, denn es dauert alles viel länger als bei uns in Deutschland. Und genau das macht dich am Anfang wahnsinnig. Du denkst nämlich, das machen sie nur mit dir so! Mir hat man gesagt: ‚Da sind wa ja mal gespannt, was dieser Wunder-Wuzzi bringt‘, und mein Chef hat zu mir gesagt: ‚Herr Putzer, komm se erst mal runter.‘ Er hat recht gehabt, denn unser deutsches Engagement, das wird hier als überengagiert gesehen, und damit rennst du immer wieder gegen dieselbe Mauer. Wir Deutschen machen gern Druck. Für Deutsche sind die Dinge, wenn sie ausgesprochen sind, so gut wie erledigt. Nicht so für Österreicher. Hier heißt es – und das auch nur auf Nachfrage –: ‚Ja, wie, heute noch?'"

In Andrés Harley-Freunde kam jetzt murmelnde Bewegung. „So, so, wir Österreicher wollen also gestreichelt werden ... unglaublich!" Peter, immerhin mit grünem Berliner Ampelmännchen auf seiner schwarzen Harley-Weste, räusperte sich: „Ihr Deutschen seid uns oft zu akkurat. Deutsche reden, um was zu sagen, Österreicher reden, um zu reden. Der deutsche Weg ist: Da starten, da Ziel, eine Gerade dazwischen und das geht rrrzzzz. Der Wiener Weg dagegen ist: Da starten, und dann gemma mal so und mal so und mal so. Aber wir kommen auch an, nur eben gemütlicher und ruhiger und lockerer. Und der Ton macht die Musik. Eure Sprache is imma a bissl präpotent. Es klingt alles so ein bissl von oben herab. Ich hab einen deutschen Partner in unserem Harley-Shop, und das sind zwei Welten. Der Wiener und der Deutsche aus'm Ruhrpott. Geschäftlich grandios – tausendprozentig korrekt, tausendprozentig verlässlich –, aber wenn's dann mal um einen Schmäh geht oder um ein Verkaufsgespräch mit einem Wiener – bumm! Das ist wie ein Eisberg gegen einen Föhn!"

„Na, und inzwischen werdet's ja auch imma mehr!", sagte ein anderer. „Schau dir die Universitätsplätze an. Meine Kinder studieren Medizin in Innsbruck. Da sind es schon über achtzig Prozent Deutsche. Das kommt gor net gut an."

„Liebe deutsche Studenten, ihr nervt!" Diesen offenen Brief eines österreichischen Studenten konnte man in der Zeitung lesen. Inzwischen hatte sich das Deutschen-Problem an Österreichs Hochschulen noch immer nicht erledigt. Und erst recht nicht die Witze der Professoren: „Unsere Hochschule erinnert mich an meinem letzten Mallorca-Urlaub – auch voll mit Deutschen!"

Als mein Sender über eine deutsche Studentin berichtete, die sich nicht nur über die schlechten Witze ihrer Professoren, sondern auch über die Studienbedingungen in Wien mokierte, brach nach der Sendung der nächste Shitstorm im Internet los, diesmal auf die junge Deutsche. Der reichte von Beschimpfungen bis hin zu Verleumdungen. Bis die junge Frau keine zwei Stunden später ihre kritische Meinung zurückzog.

André, der Manager, brachte es auf den Punkt. „Es werden sicherlich immer mehr Deutsche auch in Madrid oder in London auftauchen! Es werden mehr Deutsche und auch mehr Österreicher sonst wo auf der Welt auftauchen. Nicht nur, weil wir reisefreudiger oder weil die Grenzen weg sind. Beruflich müssen inzwischen alle Nationen viel flexibler sein."

„Und bei eurem Stammtisch", wollte ich von den österreichischen Lederwesten wissen, „geht da der Deutsche in Ordnung?"

„Wir *lassen* halt gerne organisieren!", stichelte Peter mit Blick auf ihren einzigen Deutschen im Team zurück, und wir mussten alle lachen.

Der Dreh war vorbei. Der Schnitt würde sich fast von selbst erledigen. Wochenende! Völlig k.o. fiel ich ins Bett. Draußen hatte der große Kastanienbaum zartgrüne Blätter vor mein Schlafzimmer gehängt. Morgen würde Tom vom kleinen Österreicher erfahren. Inzwischen war ich fast dankbar für jede flaue Welle, die mich daran erinnerte. „Gute Nacht, Pünktchen!", sagte ich und wollte gerade die Augen schließen. Doch die Rechnung hatte ich ohne meine Nachbarin gemacht. Irgendwo gegenüber stöhnte eine osteuropäische Sexbombe bei offenem Fenster. „Ah jo, ah jo, ah jo ..." Das kam neuerdings häufiger vor. „Ah jo, ah jo, ah jo ..." Da war sie wieder. Lautes Liebespiel, das Spannende aber war: Sie stöhnte mit unüberhörbar osteuropäischem Akzent. Und wie ein Simultandolmetscher stöhnte das Echo im Margaretenhof mit ihr um die Wette. „Ah jo, ah jo, ah jo ...“ Wie sollte man da schlafen?

Woher war wohl der Akzent, hörte ich dem Ächzen hinterher, Tschechin? Könnte auch Russin sein. Was sie wohl im Heimatland so von sich gab, dachte ich. Die Situation war wirklich grotesk. Vielleicht „Ah da ... ah da ... ah ... da?“ Und wählte sie die Übersetzung für ihr Stöhnen je nach Land oder je nach Nationalität des Mannes aus? „Ah jo, ah jo, ah jo ...“ Das konnte jetzt die ganze Nacht so gehen. Ich krabbelte aus dem Bett, um das Fenster zu schließen. Natürlich nicht ganz, ohne neugierig zu sein, aus welcher Richtung dieses Konzert für zwei zu hören war.

Da sah ich sie! Sie schwang sich gerade aus dem Bett, um wie ich das Fenster zu schließen. Hinter ihr zog ein Arm sie wieder ins Bett. Aber sie sah mir direkt in die Augen. Wir kannten uns, stellte ich interessiert fest. Es war die lange Blonde, Miss Kroatia vom Billa. Und das ganz ohne Nachtsackerl! Auf den nächsten Einkauf bei ihr freute mich schon jetzt.

Mai
Friede, Freude, Apfelstrudel

„ICH WÜRDE JETZT KEINE Scherze machen ...", sagte ich zu Tom. Der Erste Mai war auch in Österreich ein Feiertag. In Wien wurde der sogar wie zu meinen DDR-Kindertagen zelebriert, hier wurde noch demonstriert mit Fahnen am Ring und am Bierzelt beim Rathaus und mit einem Maifest der Sozis im Prater. Tom aber zog es wie immer raus in die Natur. Mit der mir verbliebenen Kraft versuchte ich, ihm hinterherzukeuchen. Von wegen Glaube kann Berge versetzen. Heute Morgen noch hatte ich fest daran geglaubt, dass ich die Tour auf die Rax meistern würde. Wiener Hausberg, Pillepalle-Berg für Österreicher, die ja wahlweise entweder mit Skiern oder mit Wanderschuhen an den Füßen zur Welt kamen, während wir Deutschen mit Terminkalender und Excel-Tabellen ins Leben starten mussten. Keinesfalls aber wollte ich mich auf der Rax als Deutsche hänseln lassen, nicht mal mit Handicap. Schließlich war ich nicht krank, ich war nur schwanger.

Tom wusste es noch nicht. Irgendwie hatte ich bei der Abfahrt heute Morgen den richtigen Zeitpunkt verpasst. Als ich zu seinem Lächeln in den Zweisitzer stieg, fehlte mir plötzlich der Mut zur Familienzusammenführung. Ich hatte Angst, Tom den Tag zu ruinieren. Diesen und die kommenden. Davor hatte ich meinen flauen Magen zuerst vom Kaffee überzeugen müssen und dann brav die berühmten Worte geübt. Es sollte natürlich nicht klingen wie: „Ich bin schwanger, reichst du mir mal das Salz rüber?"

„Hi, du, übrigens, wir kriegen ein Kind!" Das fiel schon mal aus, zu direkt. Dann, wie wär's mit: „Guten Morgen, ich muss dir was sagen, du wirst Vater!" Tom war längst Vater. Beim spröden „Wir kriegen Nachwuchs!" gab ich auf. Mir fehlten die richtigen Worte, ich ließ es auf den Moment ankommen. Pünktchen und ich, wir kriegten das schon hin. Wer es bis hierher geschafft hatte, schaffte auch den Rest, machte ich uns Mut. Aber schon in der Seilbahn rauf zur Raxalpe hatte ich meinen Auftrag komplett vergessen, und wir marschierten los in Richtung Höllental.

Wien lag einfach wunderbar. Man fuhr nur zwanzig Minuten und war raus aus der Stadt, mitten in der Natur des Wienerwaldes. Zum Kaffee nach Bratislava, ein Wochenende in Budapest oder Prag? Von Deutschland aus waren das alles Weltreisen. Nicht von Wien aus.

Und so fuhr man nur eine Stunde mit dem Auto und war mittendrin im Gebirge, zumindest, was Norddeutsche dafür halten – am Semmering. Auf den viel berühmteren und höheren Gipfeln Österreichs lag um diese Jahreszeit noch dick der Schnee. Unterhalb von Rax und Schneeberg aber konnte man jetzt schon gut unterwegs sein. Hier oben entsprang auch die kristallklare Quelle, der Wien seit mehr als hundert Jahren das Trinkwasser zu verdanken hatte. Die „Erste Wiener Hochquellen-Wasserleitung" floss von der Rax bis in die Hauptstadt und brachte ein Trinkwasser, so gut, dass es überall in Wien bedenkenlos als „Leitung" getrunken und zum Kaffee gereicht wurde.

Die Luft war kalt an diesem Morgen, das Tal verschwand noch im Nebel. Es roch gleichzeitig nach Schnee und schon nach Frühling.

„Du schnaufst ja, als wärst du die deutsche Reichsbahn!" Tom hatte das Tempo erhöht, und ich versuchte, mitzuhalten, aber mir fehlte die Kraft.

„Sag mal, geht's dir gut?", fragte er besorgt.

„Ja, ja, geht schon, ich bin nur etwas müde."

„Nicht, dass ihr Piefkes ab tausend Meter immer langsamer werdet!", hakte Tom mich unter.

„Könnte schon sein, dass ich demnächst langsamer werde ... selbst unten in der Stadt", murmelte ich in mich hinein. Das war zumindest meine ehrliche Annahme für die nächsten acht, neun Monate.

„Meine Ex hat immer so gekeucht, als sie schwanger war."

„Tom, ich würde keine Scherze machen ...!", sagte ich.

„Könnte sein ...? Keine Scherze ...? Sag mal, bist du schwanger?", fragte Tom geradeheraus, ich konnte das Wort nicht mal aussprechen.

„Wie hast du denn das jetzt rausgefunden?", fragte ich und dachte: Wie um alles in der Welt hatte er einer schnaufenden Dampfwalze wie mir etwas so Zauberhaftes ansehen können?

„Glaub mir, wenn du das dreimal mitgemacht hast, kennst du den Blick. Also?" Wir blieben voreinander stehen. Ich starrte ihn einfach nur an.

„Ich habe meinen Text vergessen", lächelte ich.

„Sicher?"

„Sicher!"

„Test?"

„Test!"

„Puh ..." Tom atmete tief durch. „Das ging flott!"

Wir standen immer noch. An uns zogen jetzt ein betagtes Damenquartett rüstiger Nordic-Walkerinnen und ihr froh gelauntes „Grüß Gott!" vorbei in Richtung Ottohaus.

„Nun, ich habe drei großgekriegt, da wird Nummer vier das auch hinkriegen, oder?" Tom umarmte mich. „Und dich schaffen wir jetzt erst mal runter vom Berg. Du fährst nur noch Seilbahn!", sagte er fürsorglich.

Ich konnte es kaum glauben. War das eben wirklich so passiert? Kein Anfall? Keine Trauerrede auf sein schönes neues Junggesellenleben? Stumm lief ich neben ihm her. Er nahm meine Hand: „Hör mal! Ich hab nicht umsonst gesagt, du wärst das Beste, was mir passiert ist. Mir ist es wirklich ernst mit uns zweien, und ich habe auch nicht aus Spaß gesagt, dass ich noch ein Kind will. Wenn vielleicht auch nicht gleich sofort ..." Er grinste: „Nur, dass das jetzt a'n Marmeladinger gibt, des wird für meine Eltern dahaam ein harter Schlag!"

„Na, gut geschlafen?", lächelte Mr. Strahlemann am nächsten Morgen. „Also, ich finde", Tom gähnte mehr, als dass er sprach, und räkelte sich in voller Pracht im Bett, bevor er sein Sonnenscheinlächeln anknipste und mir einen Kuss gab, „wir sind zwar schwanger, aber ich bin alles andere als dem Selbstmord nahe!"

Das war ein Glück. Tom war schließlich genetischer Kärntner, die laut Würstelboxstatistik zu allerhand Depressionen neigten und in Österreich die meisten außerehelichen Kinder zeugten. Und hier kam erschwerend hinzu: das auch noch mit einem Piefke!

„Host' des von die Nazi-Torten g'hört?" Auf Helmut und Alex war Verlass. Sie taten sich inzwischen als exzellente Rechercheure hervor. Ich verpasste keinen Aufreger. „Da backt a'ner in Enzersdorf tatsächlich Toarten mit Hakenkreuz dra'f!" Helmut holte die Zeitung hervor, in der er das gelesen hatte.

Dass in manchen Gegenden Österreicher ein recht angespanntes Verhältnis zur Multikulti-Gesellschaft hatten, war ja kein großes Geheimnis. Manch einer behauptete obendrein dann sogar, wir Deutschen seien gar keine richtigen Ausländer. Genau die Sorte hatte 1938 beim Anschluss an Nazi-Deutschland in Wien auf dem Heldenplatz gestanden und konnte sich später dann aber nicht mehr daran erinnern, dass sie dabei begeistert Adolf Hitler zugejubelt hatte.

Was eine Kundin im aktuellen Tortenkatalog einer Bäckerei in der Nähe von Wien allerdings entdeckte, das war an Geschmacklosigkeit kaum noch zu überbieten. „Meisterhafte Tortenkreationen" stand über der Bäckertheke. Auf Wunsch fertigte der Konditormeister allerdings geschnörkelte SS-Symbole aus Zuckerguss und Hakenkreuze aus braunem Marzipan für seine braune Kundschaft. Torten im Nazi-Design – ungefähr so verzichtbar wie ein gebrauchtes Kondom.

„Ich möchte da überhaupt nicht irgendwie und irgendwo mit hineingezogen werden!", rechtfertigte sich der Tortenbäcker. „Ich bin Zuckerbäcker, und mehr ist es nicht: I mach's, und was draußen damit passiert, ist mir egal." Gebacken wird halt, was gefällt. Als wäre die Nazi-Symbolik reingewaschen, wenn die Torte bezahlt und verspeist worden war.

Zur Taufe ein Marzipan-Baby also auf Hakenkreuz vielleicht? Neunzig Euro nahm er für eine Torte mit SS-Spruch, den damit verbundenen Ärger fand der Bäcker jedoch lästig. „Sicha ärgere i mi, weil i eigentlich nur mei Arbeit mochn mächt. Und weil i net damit g'rechnet hob, dess da jetzt so a'n Wind ummadum g'mocht wird." Vom Erfolg seiner Tortenbotschaften überrascht, hatte der Meister ganz offensichtlich noch immer nicht viel dazugelernt. „Wenn's a'n Gaddafi auf ihrer Torte wolln, dann kriegen's den a ...", sagte er betont mit Unschuldsmiene.

Gegen den Nazi-Tortenbäcker wurde ermittelt. Zum Glück auch gegen die Kunden, die bei ihm die braunen Bekenntnisse geordert hatten. Denn die Verwendung von Nazi-Symbolen ist strafbar, auch die süße aus Schokolade. Wer aber glaubt, in Österreich damit vor einem Richter zu landen, irrt. Für seine politischen Mehlspeisen hatte sich der Zuckerbäcker nur reumütig entschuldigt, und die Strafanzeige gegen ihn wurde fallen gelassen. Der angeblich ahnungslose Tortenkünstler hatte zwar genau gewusst, wie er sein Marzipan schön braun hinbekommt, aber angeblich nicht, dass er sich mit Nazi-Symbolen strafbar machte.

„Dem fehlte das Unrechtsbewusstsein so wenig wie Zucker im Kuchen!", sagte ich zu Alex und Helmut. „Da passt mal wieder das Zitat von Thomas Bernhard: ‚Die Mentalität der Österreicher ist wie ein Punschkrapfen: außen rot, innen braun'..."

„... und immer a bisserl betrunken!", stimmte die Würstelbox-Kundschaft ein.

Die letzten Parlamentswahlen waren noch gar nicht so lange her, da hatte Österreich mit einem „Laboratorium für Austrologie" erst Schlagzeilen gemacht. Nicht etwa, weil das Wiener Labor in aller Öffentlichkeit einen seriösen Österreicher-Test angeboten hatte. Nein, die Aufregung gab es, weil etliche Testsubjekte überhaupt nicht bemerkt hatten, dass es sich dabei um Satire handelte.

Pseudo-Ärzte in weißen Kitteln attestierten nach Pseudo-Gentests anhand abgegebener Speichelproben sowie einer Körpermaß-Untersuchung österreichische Echtheit. Eine vage Vordiagnose versprach schon der Fragebogen: Vorfahren, Herkunft, Lieblingsessen? Wobei man mit der Vorliebe für Sachertorte oder Mozartkugeln und der überzeugenden Abneigung gegen Kaffee (weil türkisch) Punkte gutmachen konnte.

„Samma endlich Österreicher?" Viele Kunden konnten es gar nicht abwarten, bis sie sich das ersehnte Ösi-Pickerl an die Brust heften durften und ihr Österreichertum „hundertprozentig" nachgewiesen war. Dazu passten hübsch die Plakate, auf denen für Nächstenliebe nur für Österreicher geworben wurde, oder andere FPÖ-Poesieparolen wie „Mehr Mut für Wiener Blut" oder „Daham statt Islam".

Wehe aber, wenn in Wien das Leopoldmuseum im Museumsquartier für seine Ausstellung „Nackte Männer" warb und auf dem Plakat neben den strammen Fußballerwaderln auch der anstößige Strafraum, der männliche Unterleib, nicht ausreichend bedeckt war. Wehe also, wenn nackte Männer nackt sind auf Plakaten. Da geriet Frau Huber im Wiener Gemeindebau schon mal außer Rand und Band, schrie nach Zensur und ließ die Polizei breite rote Balken über die freigelegten besten Stücke kleben. Aber an rassistische Sprüche oder an die schlechten Reime der FPÖ wie „Heimatliebe statt Marrokanerdiebe" – daran hatten sich die Wiener recht reibungsfrei gewöhnt.

Den Komikern in ihren weißen Mediziner-Kitteln verging das Lachen übrigens auch noch, schon wegen des Erfolgs ihrer Österreichertest-Aktion. Man warf ihnen darüber hinaus aber „Volksverhetzung" vor. Dass ihr Fake tatsächlich ernst genommen wurde, das war das eigentlich Tragische am Komischen der Aktion.

Ich war derweil unterwegs nach Kärnten. Dort sorgte ein Bürgermeister seit Kurzem fragwürdig für Furore, weil er damit prahlte, an Türken keine Grundstücke zu verkaufen. Die kleine Gemeinde Großkirchheim sollte um jeden Preis „türkenfrei" bleiben. Ihr Bürgermeister machte keinen Hehl aus seiner Vorstellung von Ausländerpolitik. In Großkirchheim fände man Ruhe und Berge, aber keine Türken. Und damit das so bleibt, werde man Moslems einfach keine Wohnung vermieten oder Häuser verkaufen. Und man lasse ihre Kinder dort einfach nicht zur Schule gehen.

„Ich weiß gar nicht, was die alle haben ..." Peter Suntinger, der kleine Haider, wie sie ihren Bürgermeister hier nannten, gab sich gut gelaunt. „Denn wir haben ja einen Moslem in unserer Gemeinde!"

Suntinger, Jahrgang 1965 und Mitglied bei der FPK, der

Freiheitlichen Partei Kärntens, Holzbildhauer und Biobauer in einem, mit Vorliebe für Janker, Kärntner Loden. „Es gibt sogar einen Grabstein, wo der Halbmond eingemeißelt ist. Der einzige Moslem in Großkirchheim", frotzelte der Bürgermeister, „der liegt bei uns nämlich auf dem Friedhof." Suntinger fand das lustig. Es fehlte nicht viel und er hätte womöglich angefügt: „ein Friedhof – der einzig richtige Aufbewahrungsort für einen Moslem".

In Sichtweite des Großglockners führte uns Suntinger stolz durch sein türkenfreies Großkirchheim, vorbei an gezimmerten Balkonen und roten Geranien auf den sauber gepflegten Friedhof, mit eisernen Kreuzen statt Grabsteinen, und brennenden roten Kerzen. Suntinger schritt voran, beschützt von einem schwarzen Regenschirm. Es goss in Strömen.

„Wie kommt's, dass ein Moslem in heiliger christlicher Heimaterde liegt?", fragte ich. Der Bürgermeister drehte sich mitsamt seinem Regenschirm staatstragend zur Kamera um. „Wie es dazu gekommen ist?" Er hatte wieder sein Suntinger-Grinsen im Gesicht, und ich ahnte, er hatte die Antwort extra für diesen Moment auswendig vorbereitet. „Na ja, es ist ja nun mal so: Ein Toter kann ja von seiner Religion keinen Gebrauch mehr machen. Daher sei auch ihm unsere Erde leicht!" Der Herr Bürgermeister gefiel sich ganz offensichtlich, denn die Botschaft lautete, was immer man ihn fragte: Nur ein toter Moslem ist ein guter Moslem. Und in seiner Gemeinde leben sollten, wenn's nach Suntinger ging, ja möglichst gar keine Moslems.

„Da oben ... da oben ist er ..." Den Bosnier, der ganz in der Nähe bei einem Verkehrsunfall ums Leben gekommen war, hatte die Gemeinde neben dem Kinderfriedhof begraben, in der hintersten Ecke.

„Nicht gerade ein prominenter Platz!", kommentierte ich

die Auswahl. Suntinger konnte nicht ohne Grinsen. „Na, immerhin haben wir einen Platz dafür gehabt. Andere haben ihn gar nicht erst genommen."

Loriot sagte einmal: „Ich liebe Politiker auf Wahlplakaten – sie sind tragbar, geräuschlos und leicht zu entfernen." Politiker wie Suntinger aber waren keine bloßen Spinner vom Stammtisch, sondern gewählte Volksvertreter, die für ihren politischen Erfolg bewusst mit Zündeln provozierten. Kleiner Haider, Suntinger war stolz auf das Etikett: „Der Jörg, der ist auch nicht etwa Opfer eines Verkehrsunfalls geworden, wie alle denken!", erzählte er, als wir in seinem Geländewagen das Interview fortsetzen. „Da steckt der politische Mitbewerber dahinter!" Suntinger tat wissend und gleichzeitig geheim. Sollte heißen: Leute wie er, die offen ihre Meinung vertraten, lebten gefährlich. Und dabei bekam Suntinger die meisten Stimmen dort, wo es die wenigsten Ausländer gab. „Aber das Volk", sagte der Bürgermeister – und meinte damit *sein* Volk –, „das Volk hat nun mal Angst vor voranschreitender Islamisierung."

Es war nicht so, dass Türken ein besonderes Interesse daran gehabt hätten, Großkirchheim massenhaft zu bevölkern. Das Örtchen hätte man zum selben Augenblick ebenso gut als franzosen- und spanierfrei anpreisen können. Aber mit seiner Haltung war Suntinger, wie einst sein Vorbild Jörg Haider, eben nah bei den Leuten und ihrer angeblichen Sorge vor drohender Islamisierung und vor ungeliebten Moslems. Woher die Angst vor Überfremdung kam, wollte ich wissen. „Ich möchte die Muslime hier nicht haben", lautete seine Antwort. Seinem verstorbenen Parteifreund Jörg Haider hätten solche Sprüche vermutlich gefallen. Dem Staatsanwalt weniger. Auch der ermittelte gegen den Bürgermeister wegen Volksverhetzung. Aber die Strafanzeige schien Suntinger nur froh zu stimmen, und in seiner Gemeinde, da waren sie stolz auf so einen Bürgermeister, denn es gäbe bereits eine Unterwanderung durch Ausländer. „Wo denn?", fragte ich die Leute im Ort. „Es ist doch gar kein Moslem hier!"

Die Hälfte aller Österreicher, Kärntner besonders, gelten als offen ausländerfeindlich. Anders als in Deutschland waren die allermeisten Rechtsradikalen in Österreich zwar groß mit Worten, aber zum Glück selten gewaltbereit. Jedoch beruhigte das nur für den Moment.

„Ich kann sie als Gäste schätzen", antwortete mir eine Dorfbewohnerin in Kärntner Sonntagstracht, „freu mich, wenn sie kommen, und freu mich aber auch, wenn sie dann wieder fahren. Es sollte schon die Ordnung haben, dass sie in ihre Heimat zurückgehen." Großkirchheim wirkte so provinziell, dass selbst Sätze wie dieser in ihrer Grobheit fast lieblich daherkamen. Meinte er doch einen Fremdenverkehr, wo Reisende, auch vermummte, als Touristen kommen und zahlen dürfen, aber dann zügig wieder verschwinden sollen, damit sie Großkirchheim und sein Artenschutzprogramm nicht mit Überfremdung bedrohten. Auch wenn die gar nicht in Sicht war in Großkirchheim. An welchen Phantomschmerzen, fragte ich mich, könnte Großkirchheim wohl als Nächstes leiden: an einer Studentenschwemme ohne Universität? An der EU-Regelungswut zur Hochseefischerei ohne Meereszugang?

Von Kärnten aus fühlte sich Wien wie ein anderes Land an. Die Schlacht um Wien 1683 mögen die Türken ja noch verloren haben. Mehr als dreihundert Jahre später haben sie den Brunnenmarkt am Yppenplatz im 16. Bezirk ganz ohne Gewalt erobert. Bei mir im 5. Bezirk flickte mein Schneider, ob nun österreichischer Türke oder türkischer Österreicher, Jeanshosen jedenfalls so gut wie kein Zweiter. Hundert Meter weiter, die Pilgramgasse hinunter, kreierte eine bulgarische Schauspielerin gemeinsam mit ihrem Sohn „Rori's Finest Sweets" – englische Zitronen-Tartes und Schoko-mousse-Törtchen zum Niederknien. In der Kettenbrücken-gasse gleich gegenüber von „Henzls Ernte", dem feinsten Gewürzladen der Stadt, in der Gertrude Henzl liebevoll von Hand das köstlichste Paprikapulver (ungarisches – eh klar!) zauberte, da strickte die Deutsche Dörte Kaufmann zusammen mit Bulgarinnen und Rumäninnen österreichi-sche Hauben. Wien war das Tor zum Osten – schon zu Kai-sers Zeiten Multikulti, weil es viele Länder vereinte. Hier haben sie „Europäische Union" gelebt lange vor der Idee mit der EU. Die Stadt, geübt seit Jahrhunderten, vereinte mehrere Welten. Das war nicht immer problemlos. Und wenn Helmut an der Würstelbox spottete: „Da kommen's wieda, die Integriertn!", und dabei mit dem Kopf rüber zu den türkischstämmigen Jungs bei McDonald's gegenüber zeigte, dann sprach aus ihm die Angst des kleinen Öster-reich vor allem Fremdem. Aber es lief harmonischer, als manche radikale Parole prophezeien wollte.

Ich liebte Wien für seinen mehrfarbigen Klang. Selbst Miss Kroatien im Billa grüßte ja neuerdings auch ganz reizend. Und wer den Satz der böhmischen Kosmetikerin bei uns im Fünften im Ohr hatte, während sie einem dick Creme aufs Gesicht schmierte, hörte, wie auch das letzte Fältchen k. o. ging: „Und jetzt, da kannma sähään, wie zieht sich Scheenhejt in die Porään ..."

Juni

Wien, nur du allein

BEIM HEURIGEN ROCH es nach frischem Brot und Liptauer, nach Geselchtem und Kraut. In der Theke lagerten jede Menge Blunzen, ein Topf mit Grammelschmalz und Kümmelbraten. Eine Etage darüber wohnten Mandelecken und Topfenstrudel. Nichts für Kalorienzähler, dachte ich, als Tom uns eine Portion Blunzengeröstl bestellte. Sofort kamen einem Filme mit Hans Moser in den Sinn, dem kauzigsten Nuschler der Nation. Mit Schrammelmusik und Weinseligkeit hatte mir das in Kindertagen mein Österreichbild beschert, der Inbegriff von Gemütlichkeit.

Nirgendwo sonst ist die Donau so schön wie in der Wachau. Auf unserem Weg zwischen dem Schönbrunner Gelb von Stift Melk und dem zarten Frühlingsgrün der Weinberge rund um Krems sortierte die Wachau sorgfältig Örtchen um Gasthäuser und Weinberge und schmiegte Hügel sanft an Hügel. Der Tau, der heute Morgen noch über den Weingärten schwebte, war verzogen. In einer Donauschleife lag oben auf dem Felsen Dürnstein. Da, wo vor achthundert Jahren Richard Löwenherz gefangen gehalten worden sein soll, von Österreichs Herzog Leopold, bis ihn die Briten gegen einen Eimer Silbertaler auslösten. Leopold war deshalb interessant, weil er, nicht gerade als Kämpfer bekannt, sein weißes Gewand in einer Schlacht mit Blut besudelt und so angeblich für die rot-weiß-rote Landesfahne gesorgt haben soll.

Vor der Postkartenidylle von Dürnstein, da, wo die Donau ihren Kringel macht, sagte Tom plötzlich: „Eins sag ich dir, ich geh do net weg, aus Wien!" Er musste diesen Satz nicht erklären. Einen wie Tom zwischen Frankfurts Finanztürmen oder Berlins Bettlern konnte nicht mal ich mir vorstellen.

„Ich bin raus!" André, der Versicherungsmanager mit der Harley, war fassungslos. Er wurde in seiner Firma plötzlich nicht länger benötigt. Kündigung!

„Österreicher mögen es zwar nicht, direkt zu sein", erkannte André, „aber bei uns Deutschen nehmen sie das dann doch nicht so genau. In meiner Firma wussten es heute Morgen schon alle. Dann erst habe ich es erfahren!" André hatte noch sechs Wochen, dann hieß es: Servus, tschüss und baba! Mit deutscher Gründlichkeit hatte er den Österreichern gezeigt, wie es effizienter geht in der Versicherung, und sich so selbst mit wegrationalisiert. Er hatte aufgeräumt – vielen Dank –, jetzt wollte man in Wien ohne ihn weitermachen.

„Ja, wir Piefkes – erfolgreich, aber unbeliebt!", frotzelte der Wahlwiener aus Berlin. „Ehrlich, ich habe nicht damit gerechnet, dass es mich treffen würde." Das Arbeitsrecht in Österreich machte es möglich: sechs Wochen Kündigungsfrist, ohne Angabe von Gründen, ohne Abfindung. Und raus bist du!

André war nicht allein. Mussten Firmen in Wien Stellen abbauen, traf es die Deutschen häufiger zuerst. Irgendwie war es ja auch nur logisch, dass am Ende die Österreicher zusammenhielten. Für mich aber war es wie ein Fluch. Das alles passierte, kurz nachdem mein Interview gesendet wurde, in dem ein deutscher Journalist gerade noch davon sprach, Österreicher würden die Deutschen bei der Jobvergabe bevorzugen. Wie zum Hohn hagelte es jetzt Kündigungen.

„Das Blöde ist", André atmete tief ein, „ich bin jetzt Mitte vierzig und habe für den Job in Deutschland alles aufgegeben, nur um nach Wien zu ziehen." Vor drei Jahren, als er den Managerposten in Wien angeboten bekam, hatte er Job, Freunde und Familie in Deutschland zurückgelassen. Nach ein paar Monaten holte er Nina, seine Lebensgefährtin, nach. André war in der Klemme. Seine dreißigjährige, charmante und umwerfend gut aussehende Freundin, eine groß gewachsene Hamburgerin und weiß Gott nur äußerlich blond, war nur seinetwegen nach Wien gekommen, sie hatte sich von ihrer Heimatstadt Hamburg nur schwer trennen können. Nina ging in Wien bei einer Versicherung arbeiten und schmiss den Haushalt. André sorgte für beider Wohlstand, für die tolle Wohnung im 8. Bezirk nahe Josefstädter Straße, die Urlaube, den Golfclub. Nur bekam André jetzt kein Geld mehr als Manager, sondern von der österreichischen Arbeitsagentur.

„Ich kriege jetzt Arbeitslosengeld vom Arbeitsmarktservice Wien. Ehrlich, als Piefke ist das alles andere als ein Ponyhof." Andrés Miene verfinsterte sich. „Ich habe an die zweihundert Bewerbungen geschrieben. Aber wir haben Wirtschaftskrise. Viele große Konzerne verkleinern jetzt ihr Management. Und was macht Frau Strasser vom AMS? Die schickt mich zum Bewerbungsschreiben-Üben. Reine Schikane!"

Es reichte ihm schon nach ein paar Wochen. Er suchte für sich und für Nina nach einer würdigeren Lösung, um in Wien zu überleben. Die war für uns alle so überraschend wie erstaunlich schnell gefunden.

„Ich mach 'ne Currywurstbude am Donaukanal auf!", teilte André mit. So, als hätte er darauf schon viel früher kommen müssen. „Ich weiß, was du jetzt denkst!", sagte er zu mir „Wer nichts wird, wird Wirt. Aber mal ehrlich, was die Ösis hier Currywurst nennen, ihre Bratwurst mit Senf und Currypulver drauf, das hat doch aber so was von nix mit

Currywurst zu tun. Allenfalls präsentieren sie einem 'ne Polnische mit Ketchup und gelbem Pulver!" André fand, es war Zeit, den Wienern unter die Arme zu greifen. Nina tüftelte schon an den Rezepten für die Currysoßen. „Es gibt drei verschiedene: Berliner, Bochumer und Sylter. Jetzt brauchen wir nur noch einen Namen für die Bude."

Eine neue kulinarische Kultstätte für Wien und für André die Gelegenheit, sein Leben wieder selbst anzupacken. Geldverdienen war auch dringend nötig. „Die hohe Kante hatte André bisher eher weniger im Blick." Nina wollte sagen: Das Geld wurde knapp. Die Zeit bis zur Eröffnung auch. Schließlich war der Sommer greifbar und die Freiluftsaison am Donaukanal schon längst seit Mai in vollem Gange. Gemeinsam dachten wir über den Namen für eine Currywurstbude nach. „WürstelBrater" – in Anlehnung an den Prater – oder „BraterSauna" wegen der Diskothek unweit des Donaukanals? Dann hatte André die Idee: Er nannte seine Bude „Wurstbotschaft".

„Ich vertrete hier schließlich die Interessen der Deutschen und fördere die Verständigung zwischen den Völkern", grinste der selbst ernannte Herr Botschafter. Aber diese Mission war mehr als heikel. Ein Deutscher auf diplomatischem Würstelparkett in Wien – natürlich war das vermintes Gelände. Auf sein Ansinnen, eine echte deutsche Currywurst herzustellen, reagierte man in Wien erst einmal beleidigt mit Achselzucken. Bevormundung am Würstelstand, durch einen Piefke? „Brauchmanet!"

Beim Wiener Würstchenadel, einem bekannten österreichischen Familienbetrieb, kam die Idee dann aber doch noch an. Gemeinsam experimentierten sie in aller Eile an der perfekten Currywurst für den Imbiss, die natürlich dem Berliner Original auch mit österreichischen Zutaten nahekommen musste. Das hieß: der Darm keinesfalls zu billig, das Brät nicht flockig, sondern fein, exakt abgestimmte Würze. Bis der Prototyp in Serie gehen konnte, aß sich André durch sämtliche Wurstsorten und brachte dabei den Wiener Würstelkönig mit seiner zwar geschmackssicheren, aber dann doch sehr deutschen Genauigkeit an den Rand der Verzweiflung. Erst ploppte der Wurstdarm auf wie Popcorn, mal überwogen Aromen wie Curry oder Ingwer, mal hatte das Produkt zu wenig Rauch, mal zu viel Salz etc. Da waren sie wieder, die Piefkes – exakt, erfolgreich, aber ungeliebt in Österreich! Doch der Deutsche konnte auch diesmal nicht aus seiner Haut. „Was soll ich machen …", rechtfertigte sich Wiens erster Würstchendiplomat. „Als Berliner mit jahrelanger Currywurst-Erfahrung weiß ich doch einfach, wie so ein Produkt aussehen, riechen und schmecken muss!"

Später erklärte der Familienbetrieb Andrés Currywurst-Plan recht Wienerisch sogar zur ganz eigenen Idee: „Ein weiterer Beweis dafür, dass wir mit dem Ohr beim Kunden sind, Wünsche erkennen und erfüllen!", hieß es unverblümt in der Pressemitteilung.

„Das Lebensmittelamt darf hier aber nicht vorbeischauen", sagte ich, als ich mich im neuen Würsteldomizil umsah. Natürlich standen auch Sofie, Fiona und Thomas nicht vor, sondern halfen hinter der Theke aus. Die ordentlich verwitterte Bude am Donaukanal machte allerdings einen ziemlich verlotterten Eindruck. Außen Holz, innen ranzig. André hatte einen gebrauchten Plattengrill und eine Fritteuse für Pommes und Würstel besorgt und kräftig durchgeputzt, während Nina zu Hause im Achten die Soßen köchelte. Wer noch nie im Hochsommer bei 28 Grad Außentemperatur in einer Bretterbude wie ein Würstchen vor sich hin gegart hat, zwischen zischendem Pommesfett und zartem Würstelodeur im Curryhimmel schwebte, der weiß eine gute Wurst am Würstelstand einfach nicht zu schätzen, wurde mir in der brütenden Hitze klar. Die Schlange vor uns wurde erfreulicherweise immer länger und die „Wiener Wurstbotschaft" schon an ihrem ersten Wochenende ein überwältigender Erfolg.

Wien war nicht gerade Asien, wo man vor lauter Reisgerichten als Deutscher schon mal seinen Schweinebraten oder sein Schwarzbrot vermisst. Österreich war auch nicht Wagadugu, kulinarisch schon mal gar nicht. Aber die meisten Exildeutschen konnten dem Heimatgefühl einer Currywurstbude mitten in Wien sehr wohl etwas abgewinnen.

Sogar Wiener kamen. Und selbst das Lebensmittelamt drückte alle Augen zu. Trotz der Zustände, die in der alten Holzkiste am Kanal herrschten, und der Ratteninvasion darunter. „Ich bin echt froh", meinte André, „ehrlich, die machen hier schon ihre Auflagen, aber schön eine nach der anderen. Die helfen mit. In Deutschland wäre ich längst erledigt."

„Bei uns wäre doch auch einer wie Bill Gates in seiner Garage an der Gewerbeaufsicht gescheitert!", sagte ich. André strahlte endlich wieder und wir alle waren stolz auf unseren Wurstbotschafter.

„True Curry Wurst never dies", titelte die FAZ. Aber auch österreichische Zeitungen, Standard, Presse und Kurier, überschlugen sich: „Die Currywurst hält Einzug in Wien!" Manch einer fragte sich, wieso die Currywurst so lange von der Spree bis an die Donau gebraucht hatte. „Currywurst in Wien eingebürgert!" Alle schrieben, auch über den neuen Wurstbotschafter von Wien und seinen grandiosen Erfolg. Aber die Geschichte dahinter, die schrieben sie nicht. Sie kannten sie nicht. André, ein aus heiterem Himmel arbeitsloser deutscher Manager, der versuchte, in Wien zu überleben – ohne die Hilfe vom Arbeitsamt, das den 46-Jährigen viel lieber zum Bewerbungskurs hatte schicken wollen.

„Jetzt wollen's uns a no die Wurscht wegnemma!" An der Würstelbox war die Diskussion schon heiß in Gange, als ich aus der U-Bahn kam. Für meine Begrüßung musste ein kurzes Winken mit der Bierdose reichen. Ich dachte schon, es ginge um die Currywurst. Da hörte ich erleichtert: „Die Slowenen ham scho ihre zweisprachigen Ortstafeln in Kärnten, und jetzt wollen's a no unsre Käsekrainer!"

Seit dem Morgen war die Meldung in alle Munde: Die Slowenen wollten den Österreichern an die Wurst. Die Nachbarn wollten sich die Namensrechte sichern. Die Krainer sollte unter EU-Schutz. Der Antrag war bereits eingereicht. Am anderen Ende der Käsekrainer aber fanden das Wurst-Endverbraucher wie Helmut und Alex überhaupt nicht witzig.

„Des is uns Wienern schon mal aus Prinzip net wuascht", pflichtete Helmut seinem Alex bei, und irgendwer sagte: „Die Krainer is a Wiener Erfindung!"

Im Käsekrainer-Krieg hatte ich am Morgen bereits Sloweniens Botschafter fürs Deutsche Fernsehen befragt, inwieweit er sich denn bewusst sei, dass Österreich ohne Käsekrainer der Untergang des Abendlandes drohe. Die Krainer galt schließlich als österreichisches Kulturgut. Die Sache hatte in Wien eine enorme Sprengkraft. Aber der Botschafter verteidigte den Vorstoß seiner Landsleute. „Die Gegend Krain liegt nun mal in Slowenien, wir haben schon bei den Lipizzanern nachgegeben und beim steirischen Kernöl, und während es den Wienern hier nur um die Wurst geht, geht es den Slowenen um Nationalstolz. So eine EU-Entscheidung, die ist meinen Leuten wichtig. Wichtiger, als ob die EU Zwangsmaßnahmen gegen Syrien beschließt."

Aha, dachte ich bei mir, stänkern also ab und an auch mal andere gegen die Ösis. Später hatte ich mich in reinweißer Küchenkleidung nebst chirurgengrüner Kopfbedeckung

– attraktiver denn je also – in der talgig-kalten Wurstküche der Wiener Würstchendynastie zum Interview gleich neben der Käsekrainer-Produktion wiedergefunden. „Die Krainer ist für alle da – Wiener Schnitzel darf es schließlich auch überall geben!", argumentierte der Würstchenadel. Und selbst meine Käsekrainer-Krieger auf der Pilgrambrücke waren jetzt für Schnitzelprotest: „Dann wü i, dess unser Wiener Schnitzerl a nur no do in Wien anboten wird und nirgends sunst a'f da Wö'd." Im Beistand für die Käsekrainer standen Helmut und Alex dicht beieinander wie die Würstel auf Annies Grill: „Die Slowenen wolln nur Profit mochn mit wos, wos ihnen gor net g'hört!", stänkerte Alex.

„Des legt sich wieda", mischten sich jetzt Annie und ihre Würstelzange ein. „Die Marmelade wollten uns die EUler do a scho verbietn, und mit die Polen hattma a den Streit um die Krakauer! Und? Wos hot's 'brocht? Nix hot's 'brocht. Mir ham die Krakauer no' imma do in Wien! Hier ...", Annie wendete geschickt ein Würstel, „do liegt's. Bei mir. Tot a'fn Griller."

„Eben, Jungs", versuchte auch ich, zu beruhigen, „und wenn's zum Äußersten kommt, wenn die Slowenen euch tatsächlich die Käsekrainer wegnehmen, dann bestellt's halt einfach weiter wie immer: a Eitrige mit Buckel!"

„Jo, genau!", sagten alle im Chor, und Helmut bestellte als Erster: „A Doppelte für mi, Annie, und weißt eh, a 16er, bitte!"

Da erst fiel mir auf, dass unser Alex nicht mehr allein zu Hause war. An der Würstelbox war jemand eingezogen. „Des is übrigens die Lotte!", stellte Alex stolz seine neue Er-oberung vor.

Lotte Winkelmeyer hatte nicht weit vom Würstelstand ei-nen Laden. „Esoterische Bewusstseinserweiterung" stand über der Eingangstür. Tarot, Bergkristalle, Sternzeichen, Räucherstäbchen. Lotte kannte sich aus. Aber weil sich meist eh keiner zu ihr verirrte, stand sie fast immer im Türrahmen, wenn sie eine rauchte, und schaute auf den Verkehr in der Stumpergasse. Ihrem Körperumfang zufolge hatte Lotte längst ihre innere Mitte gefunden, die sich bei ihr rund um die üppige Taille befinden musste und die sich wie ein Tannenbaum nach oben hin verjüngte. Alex' Sehnsuchtsblick aber ließ keinen Zweifel, beim Idealbusen kam es wie beim Heimatland auf die Größe nicht an.

Juli
Lieblingspiefke

„DER KAMPF UM DIE WURST" hatte für André und Nina von der „Wurstbotschaft" inzwischen neue Dimensionen erreicht. Es ging um mehr als nur um diplomatischen kulinarischen Austausch zwischen Österreichern und Deutschen, es ging um den Erfolg eines ehemaligen Managers an einer Würstchenbude, und um das wirtschaftliche Überleben von André und Nina in Wien. Statt „Käsekrainer an der Würstelbox" hieß mein Abendessen nun öfters „Curry-Pommes an der Wurstbotschaft". Denn wann immer ich meine deutschen Freunde sehen wollte, musste ich zur „Wurstbotschaft" an den Donaukanal zwischen „Badeschiff" und „Tel Aviv Beach" pilgern.

„Wir sind keinen einzigen Abend mehr zu Hause, zusammen ausgehen oder einfach nur gemütlich vorm Fernseher – das ist überhaupt nicht mehr drin", klagte Nina. Die Füße taten ihr weh. Auf meinen Hüften hatten die Currywurst-Sessions deutliche Spuren hinterlassen. Aber Nina war schmal geworden. Bei den beiden Botschaftern machte sich zunehmend Frust breit. Andrés Erfolg war marketingmäßig riesig, aber er belastete auch. Der Tag drehte sich nur noch um die Nachbestellungen, das Auftauchen der Lebensmittelkontrolle und darum, wie gut das Wiener Wetter werden würde. Der Sommer bislang war mäßig, das schlug sich natürlich in den Verkaufszahlen nieder.

„Es geht nur noch um die Wurst, André kennt nichts anderes mehr." Nina hatte es fertiggebracht, Tag für Tag nach ihrem Fulltime-Job in der Versicherung spätestens ab 18 Uhr in der Würstchenbude zu stehen. Der Manager aber, in den sie sich einst verliebt hatte, sagte plötzlich nur noch Sätze wie: „Die Wurst muss auf einer Platte in Öl langsam ziehen. Zu hohe Hitze verträgt sie nicht." Oder: „Wenn ein Deutscher nach Hause kommt, geht er zuerst zum Currywurststand."

„Das trifft inzwischen auch auf mich zu!", sagte Nina gequält. „Die Deutsche hier geht, bevor sie nach Hause geht, auch zuerst zum Currywurststand. Ich komme nicht mehr vor Mitternacht ins Bett und André nicht vor zwei Uhr morgens!"

Ihr André hatte in Wien eine echte Marktlücke entdeckt. Eine, bei der sogar Österreicher haltmachten. Das würde ihnen zwar das Überleben in der hübschen Altbauwohnung im 8. Bezirk während des Sommers sichern. Aber Wurst mit Berliner Schnauze taugt nur bedingt für zu Hause. Vom Versicherungsmanager zum Wurstverkäufer ist es außerdem ein weiter Weg.

Andrés Erfolg als Wurstbotschafter sollte ihm selbst noch am allermeisten leidtun. Denn was in unser aller Augen Bewunderung abrang, kam auf Österreichs und Deutschlands Managementfluren ganz und gar nicht gut an. Mit einem, der jetzt Würstel brät, wollte man in den oberen Etagen noch nicht einmal über einen neuen Job reden.

„Sie machen jetzt WAS?" Bewerbungsgespräche wurden mit dezentem Hinweis auf die aktuelle Tätigkeit kurzfristig abgesagt. André bekam die volle Wucht der Verachtung zu spüren, die man Arbeitslosen, die sich Arbeit gesucht hatten, entgegenbrachte. Darin waren sich beide Länder, Österreich und Deutschland, sehr nahe: Beide Gesellschaften waren darauf konditioniert, Menschen auszusortieren. „Du hast deinen Job verloren? Jemand hat dich ausrangiert? Pech gehabt! Auf Wiedersehen!", sagte André. „Arbeitswillig? Wir nehmen nur die, die Erfolg haben!", wusste André inzwischen. „Aber ohne die Wurstbotschaft hätten sie mich als Piefke beim AMS in Wien nur getriezt." Ein deutscher Manager, der Sozialleistungen in Österreich in Anspruch nehmen will? Da hieß es trotz langjähriger Erfahrung in Wien erst einmal wochenlang bewerben üben. „Für jedes Vorstellungsgespräch in Deutschland", schilderte André seine Odyssee, „ziehen sie dir hier erst mal einen Tag vom Arbeitslosengeld ab. Ich könnte ja Tante Erna in Bad Oldesloe besuchen statt Arbeit suchen!"

Als ich ihn kennenlernte, war André ein stolzer, großer, gut aussehender Mann, selbstsicher und witzig. Wien war für ihn beruflich ein Aufstieg: mehr Leute, mehr Verantwortung. Jetzt plötzlich war er auf der einen Seite Bittsteller und auf der anderen sollte er sich rechtfertigen dafür, dass er Arbeit hatte. Ihn befiel die Panik, dass der Weg zurück für immer versperrt sein könnte. Und die Angst um Nina. Seine Freundin hatte sich in einen Managertypen verliebt, nicht in einen Würstchenverkäufer.

„Weißt du was?", sagte er: „Ich bin mächtig stolz auf meinen Erfolg mit der Wurstbotschaft und würde jedem dieser Erfolgsheinis mit Schlips und Kragen mal empfehlen, so etwas durchzuziehen. Aber für die Deppen in den Personalabteilungen habe ich meinen Lebenslauf jetzt einfach frisiert, ein bissl umformuliert. Aus meiner Zeit in der Wurstbotschaft habe ich jetzt ‚Berater für ein Projekt zur Stadtentwicklung in Wien' gemacht. Da fragt keiner nach." Das war nun wirklich ein Anserschmäh, wie man in Wien sagte. André grinste verschmitzt und zuckte mit den Schultern. „Hab doch viel gelernt in Österreich!" Wie schade war es da, dass ihre Koffer in Wien schon gepackt waren. Es sollte nur einen Sommer lang echte Currywurst in Wien geben. „Das Risiko ist zu groß. Was, wenn im Herbst niemand mehr an den Donaukanal kommt?" Für einen guten Standort irgendwo anders in der Stadt hätte André Ablöse zahlen müssen, Geld, das er nicht hatte. André und Nina trafen schweren Herzens eine Entscheidung gegen Wien. Und ich hatte einen Kloß im Hals. Ihre „Botschaft" wollten beide nach dem Sommer schließen und Wien endgültig den Rücken zukehren. Wenn auch ohne neue Jobs, wollten sie zurück nach Deutschland, in das Land mit jeder Menge Currywurstbuden. Wenigstens nicht als Piefke vorm Wiener Arbeitsamt die Hand aufhalten müssen, sondern von vorn anfangen, das aber mit dem Gefühl von Heimat in Hamburg.

„Sie müssen sich jetzt von Ihrer Frau verabschieden, hier geht es in den OP!" Eben noch hatte ich Rotz und Wasser geheult, aber jetzt mussten wir beide lachen. „Das ist nicht mein Mann, wir sind nicht mehr zusammen!", sagte ich. Der Krankenpfleger war jetzt sichtlich enttäuscht. Max und ich hatten ihn gerade um den Abschiedskuss im Fahrstuhl gebracht. „Es ist ein bisschen kompliziert!", flüsterte ich, als er mich aus dem Fahrstuhl schob. Max winkte zum Abschied, eine Träne im Knopfloch. „Dann mach's mal gut. Ich warte oben auf dich!" Schulterzuckend schob der Pfleger mein Bett zum OP rüber. „Das eben war doch der Vater Ihres Kindes?" Ich schüttelte den Kopf. Mein Pfleger machte ein Gesicht, als hätte er bei „Sturm der Liebe", Folge 1277 komplett den Faden verloren.

Max hatte gestern Abend einen Flug von London nach Wien gebucht und war von der Opernbühne in Covent Garden todesmutig ins Flugzeug gestiegen. Er hasste es, zu fliegen, niemand wusste das besser als ich. Er hatte es für mich getan, das größte Geschenk, das er mir je gemacht hat. Eigentlich durfte er London nicht vor der nächsten Vorstellung verlassen. Aber er wollte, dass ich nicht allein bin. Ich hatte den kleinen Österreicher verloren und den großen

Österreicher gleich dazu. Natürlich standen mir die Mädels zur Seite, aber ich war dankbar, dass Max spontan eingesprungen war und mir in Wien die Hand hielt.

„Puh, da haben wir ja noch mal Glück gehabt!" ist nicht unbedingt das, was man von seinem neuen Prinzen hören will. Noch nicht einmal, wenn er recht hatte. Tom und ich kannten uns erst seit ein paar Monaten. Er hatte drei wunderbare Kinder, und ich verstand, dass ich kein Recht auf eine neue Familie mit ihm hatte, schon gar nicht irgendwo zwischen Österreich und Deutschland. Unter ganz „anderen Umständen" wären wir beide sicher ein tolles Paar geworden. Unter diesen reichte es immerhin für eine deutsch-österreichische Freundschaft.

„Servus, Froillein Tonja, dess du di no doher traust?" Es war schon eine Weile her, dass ich das letzte Mal an der Würstelbox vorbeigekommen war, mein Film über Deutsche in Wien war längst gesendet.

„Kann ich mich bei euch noch blicken lassen?", fragte ich.

„Na ja ...", grüßte Alex glücklich, seine Lotte im Arm und seinen Jäcki an der Leine. „Schon", lenkte er ein, „obwohl ma es olle g'sehn ham! Deinen Österreich-Verriss!"

„Österreicher wollen gestreichelt werden ...", äffte Helmut ein Zitat im Film nach. „Von wegen! Ihr Deitschen seid's uns eh olle wuascht!"

„Oje!", flehte ich. „Im Internet tobt schon der Kampf zwischen unseren Nationen. Und darüber, ob Hitler nun ein Deutscher oder ein Österreicher war!"

„Na, die Sache ist für uns eh klar!", sagte Alex mit einem Augenzwinkern. „Jemand hat bei uns mal gesagt, es wäre sehr geschickt gewesen, dass ma aus'm Hitler a'n Deitschen und aus'm Beethoven a'n Österreicher g'mocht ham!"

„Tja", hakte ich ein, „man könnte auch sagen, wir schicken

euch immer nur die Guten rüber! Aber der Beethoven, der ist doch bei uns in Bonn geboren!"

„Oba do bei uns in Wien hat er g'lebt ...", pochte Helmut und klopfte mit seiner gelben Bierdose auf den kleinen Tresen vor Annies Würstelbox. „Do in Wean ... do is er a g'stuam!" Irgendwas passte Helmut nicht. Das mit Beethoven stimmte natürlich. Auch, dass er alle wichtigen Werke in Wien geschrieben hatte. Und dass er nie wegwollte von hier. Irgendwie konnte ich ihn sogar verstehen. Ich wollte auch nicht weg. Jedenfalls noch nicht.

„Und wann er net wegwollte aus Wean, warum sollte der Beethoven dann wos anderes sein als a Österreicher?", fragte Alex.

„Weil ihr dann auch alle illegalen moldawischen Putzfrauen, die hier ihr Leben lang schon putzen, genauso als Österreicher betrachten müsstet, das aber niemals tun würdet, oder?", fragte ich in die Runde, und alle nickten betreten. „Ihr macht halt einen Unterschied zwischen Komponieren und Polieren!" Vielleicht konnte man Beethoven tatsächlich als Wiener bezeichnen. Sagte ich ja zu mir selbst inzwischen, wenn auch nur im Scherz. Das machte Beethoven und mich aber noch lange nicht zu Österreichern. Bei Beethoven schon deshalb nicht, weil es Österreich zu seiner Zeit noch gar nicht wirklich gab, sondern nur ein Römisches Reich Deutscher Nation. „Beethoven verstand sich als Deutscher, wie übrigens euer Mozart auch", sagte ich.

„Dann war der Hitler oba a' Deitscher!", sagte Alex. „Der wollte ja unbedingt a'ner von eich Deitschen sein!"

„Nur dess der scho als österreichischer Staatsbürger geboren wurde, weil's da Österreich längst gab!", winkte Annie drinnen überm Griller ab.

„Warum ist euch das nur so wichtig, wer Österreicher und wer Deutscher ist?", fragte ich. Von mir aus konnten

Österreicher sämtliche Komponisten für sich verbuchen, solange nur die Musik allen Ohren zugänglich blieb.

„Weil ma' klaanes Land san und unsere eichenen Erfolge bra'chn!" Helmut sah zu Alex rüber, und ich wusste sofort, welche Laus ihm über die Leber gelaufen war. Es war Lotte, die neue Frau an Alex' Seite.

„Helmut, i bin kaa Deitsche, i hob nur a Großmutter in München!", wehrte die sich gerade.

„Also", versuchte ich eine österreichische Lösung für die Würstelbox, „der Beethoven, der hat immerhin in Wien bis zu seinem Tode gut und gerne gesoffen, wie man sich ja erzählt. Also, wenn das kein richtiger Österreicher war, dann weiß ich auch nicht."

„Jöh! Genau!", frohlockte Alex. „Na des is leiwand. Schließlich müssma schon damit lebn, dass der Falco tot und der Udo Jürgens jetzt a Schweizer is. Waaßt wos? Wanst uns den Beethoven überlässt, dann bist' ab sofort unser Lieblingspiefke!", schwelgte Alex und küsste schnell noch seine Lotte.

„Auf den Lieblingspiefke!", riefen Annie und Lotte.

„Na, bravo und prost!", grummelte Helmut und nahm ohne uns einen Schluck. Beethoven soll über Wiener ja auch gesagt haben: „Solange der Wiener Bier und Würstel hat, revoltiert er nicht." Aber man muss auch mal was für sich behalten können.

Endlich! Post von ganz oben. Ungeöffnet war nur die erste Zeile der E-Mail zu lesen: „Liebe Frau ... Hiermit teilt Ihnen der Chefredakteur mit, dass er Ihre Versetzung ..." Mein Herz plumpste hörbar unter meinen Schreibtisch. War es jetzt so weit? Jetzt, wo ich mich verliebt hatte in Wien und ab und an sogar auch in die Wiener?

Durchatmen, sagte ich mir. Inzwischen gab es tausend Gründe, die für Wien sprachen. Oder eben dafür, immer wieder zurückzukommen. Wenn in der E-Mail stand, dass ich zurück musste nach Deutschland, würde ich ein bissl vom Taktgefühl einpacken, vom Wiener Schmäh und ein bissl „Balkan". Und Majid müsste natürlich einen würdigen Ablösemieter für die Designercouch sowie die auf Dauer unbeleuchteten Luster finden.

Wenn drinsteht, dass ich noch bleiben kann, würde ich zwar nie wissen, wann die Reise wirklich endet, und müsste nächstes Jahr wieder auf Abschiedstournee gehen, wie die Rolling Stones. Aber ich könnte noch daran feilen, nicht immer das zu sagen, was ich denke, und nicht immer zu denken, was ich sage. Ich könnte noch ein bissl dem Huuuschhuuuusch-Zeitmaß der Wiener auf die Schliche kommen, diesem „Geben Sie mir noch zwanzig Minuten, dann bin ich in einer Stunde fertig". Und natürlich auch noch a bissl Schlangengrube studieren, a bissl Hinterhältigkeit und Grantigkeit – die „zähnefletschende Herzlichkeit" der Wiener.

Wien, das war für mich zum ersten Mal mehr als nur irgendeine Stadt. Wien war Zeit zum Leben. Wie ein Gefühl. Wien, die alte Schachtel mit ihren Mottenkugeln, die uns Deutsche zur Höflichkeit erzog, besonders ihren Bewohnern gegenüber. Sie hatte mich verändert, noch bevor ich wissen wollte, wer ich war. Natürlich keine Österreicherin, aber ein Jahr später auch keine nur noch Deutsche mehr. DDR-Wiener. Edelprädikat „Lieblingspiefke". Qualtinger hatte es in seinem Vermächtnis beschworen: „Man kann es in Wien nicht aushalten, aber woanders auch nicht!" Schon beim Lesen hatte ich befürchtet: Was, wenn es sich genau so anfühlt? So wie jetzt! Mit geschlossenen Augen öffnete ich die E-Mail.

Na wenigstens diesmal nicht im Bademantel ...

Hinterher
Was man als Piefke in Wien wissen sollte

„PIEFKE" – geringschätzige Gruppenbezeichnung für Deutsche in Österreich, mit Ausnahme von Bayern. Unschöner taucht gelegentlich auch „Marmeladinger" und „Scheipi" (Scheißpiefke) auf. In diesem Zusammenhang gern mitbenutzte Pauschalkategorisierung für Deutsche: „präpotent" (taugt für jede unangenehme Begegnung mit Deutschen, wahlweise für: aufdringlich, frech, unverschämt, arrogant, besserwisserisch, von oben herab, hochnäsig, dreist, ungehobelt, gern Befehle austeilend usw.).

Wenn Sie Deutscher, also Piefke, sind und damit potenziell präpotent, versuchen Sie in Wien keinesfalls, etwa mit „Ösi" oder „Austriake" zu kontern. Selbst wenn der Österreicher Titel mag, von uns mag er sie „ganz sicha net"! „Piefke" sei zudem gar nicht so boshaft gemeint, hat mir mal ein Österreicher während einer Umfrage verraten: „Jedenfalls net so bös, wie wenns ihr Schluchtenscheißer zu uns sagt."

Die demnach also notdürftig lieb gemeinte Gruppenbezeichnung „Piefke" geht zurück auf Johann Gottfried Piefke. Der war Militärmusiker und führte 1866 preußisch-zackig nach der österreichischen Niederlage von Königgrätz (heute Tschechien) den preußischen Siegeszug mit seinem eigens dafür komponierten „Königgrätzer Marsch" an. Was ihm jeder einzelne Österreicher bis heute wohl nicht verziehen hat. Und das, obwohl Bismarck höchstselbst darauf bestanden hatte, die Siegesfeier nur in der Provinz abzuhalten und Österreich nicht noch mehr mit einem triumphalen Siegeszug durch Wien zu demütigen. Piefke kam deshalb auch gar nie nach Wien, sondern nur bis Gänserndorf. Aber nach seiner Adresse befragt, soll er geprahlt haben: „Piefke, Deutschland reicht. Det kommt eh an!" Und dies ist nur eine von zahlreichen propagandagleichen Anekdoten konservativer katholischer Kreise des Kaiserreiches damals gegen das siegreiche protestantische Preußen. Immerhin haben die Anekdoten es, wie „Piefke" selbst, bis in die Gegenwart geschafft.

„Da steckt doch bestimmt Berlin dahinter! Da ist mal wieder der Piefke schuld!", soll in London 1937 der österreichische Botschafter in einem Telefonat ausgerufen haben. Der britische Geheimdienst (der schon damals mithörte) kam allerdings nie dahinter, wer denn dieser „Piefke" nun war, obwohl man das Berliner Telefonbuch zurate zog – ohne Erfolg natürlich.

Wer es jetzt dennoch oder gerade deswegen für seine patriotische Pflicht hält, der kann von Wien nach Gänserndorf pilgern. Dort hat man 2009 ein Denkmal für Piefke, DEN EINEN Piefke, aufgestellt. Es verwundert nach der Buchlektüre hier hinten natürlich keinen Leser mehr, dass Landeshauptmann Pröll es damals als das weltweit „einzige" Piefke-Denkmal lobpries. Darauf kommt's ja an in Österreich. Manch einer allerdings schlussfolgerte schon nach getaner Ansicht – sowohl aus der Unsinnigkeit des gewählten Ortes inmitten Gänserndorfs als auch aus der ausgesprochenen Hässlichkeit der eher an eine rostige Duscharmatur erinnernden Baukunst –, dass ein Piefke-Denkmal wohl nur deshalb in Österreich geduldet und unbeschadet stehen bleiben darf, weil es das weltweit einzige und weil es scheußlich genug ist.

Kleiner Vokabeltrainer

A

Abgeordnete: Mandatare
Abitur: Matura
ADAC: ÖAMTC
anfassen: angreifen
Angebot: Anbot
anmachen, heftig flirten: anbraten
Appetit: Gusto
Aprikose: Marille
Arbeit: Hackn (sprich Hockn)
arbeiten: hackeln
Ärger, Sorgen: Zores
Arztpraxis, Kanzlei: Ordination
Aubergine: Melanzani
Autofahrer: Lenker

B C D

besoffen: fett oder blunzenfett
betrunken sein: im Öl sein
Bindfaden: Schnur (Schnürlregen)
Blumenkohl: Karfiol
Blutwurst: Blunze
Bonbon: Zuckerl
Brötchen: Semmerl
Brotkanten: Scherzl
Brückentag: Fenstertag

Buletten, Frikadellen: Fleischlaiberl
Bummerl: Schwarzer Peter, Pech, auch Tor etc.
DB: ÖBB
Dessert: Nachspeise
doof, bescheuert, blöd: deppert

E F G

Eierkuchen: Palatschinke
Eimer: Kübel (Mistkübel)
Eisbein: Stelze
Federbett: Tuchent
Feldsalat: Vogerlsalat
Gassi gehen: äußerln führen
Gastgarten: Schanigarten
Geldautomat: Bankomat
GEZ: GIS
Grüne Bohnen: Fisolen
gut finden: taugen („Des taugt ma.")
gut aussehend: fesch
Gourmet: Feinspitz

H I J

Hackfleisch: Faschiertes (vom Rind, vom Schwein etc.)
Hähnchen: Hendl
hässlich: schiach (schiaches Wetter)
herum: umadum
Hörnchen, Croissant: Kipferl
Johannisbeere: Ribisel

K

Kartoffel: Erdapfel
Kissen: Polster

Klamotten: Gewand
kleben: picken
Klo: Häusl (aufs Häusl gehen)
Knast: Häfen
Kneipe, Wirtshaus, Gasthaus: Beisel
kotzen: speibn (Des is zum Speibm!)
Kühlschrank: Eiskasten
Kronleuchter: Luster

L M N O

lasch, schwach, kraftlos: letschert (z. B. Suppe)
Lappen: Fetzn
Liebhaber: Haberer, Tschamsdara, Gspusi
Matsch: Gatsch
Metzger: Fleischhauer
muffeln, stinken: miachteln (Es miachtelt.)
Mülleimer: Mistkübel
Obdachloser: Sandler
Ohrläppchen: Ohrwaschel

P Q R

Pfifferling: (Eier-)Schwammerl
Pflaume: Zwetschke
Pflaumenmus: Powidl
Pickel: Wimmerl
Polizist: Kiberer
Puderzucker: Staubzucker
Promis: Adabeis
Quark: Topfen
raus: aussi
Roastbeef: Beiried
rückwärts: arschlings (sprich: oarschlings)

S

Sahne: Rahm, Obers
Sauerkirsche: Weichsel
saugen, lutschen: zuzeln
Schnake: Gelse
Schorle: Spritzer (A-Saft: Obi gespritzt/Weißwein: weißer
  Spritzer)
Schornsteinfeger: Rauchfangkehrer
Schrank: Kasten
Schwarzarbeiter: Pfuscher (pfuschen)
Schwips: Damenspitzerl
Sessel, Polstersessel: Fauteuil
Spülbecken: Abwasch
Stadtteil: Grätzl
Sternerestaurant: Haubenrestaurant
streichen: ausmalen
Stuhl: Sessel
super, toll: leiwand (gesteigert auch urleiwand)

T

Tabakladen: Trafik
Tagesschau/heute: ZiB (Zeit im Bild, ORF)
Tasse: Häferl
Taxifahrer: Taxler
Tomate: Paradeiser
Trick: Anserschmäh
Trottel: Wappler
Tüte: Sackerl
tschüss: servus, tschüss, baba (baba = schöne Grüße an
  den Herrn Papa)

U V W X Y Z

umeinander: umanander
umziehen: übersiedeln
Unterhemd: Leiberl
Verhältnis, Affäre: Pantscherl
Vetternwirtschaft: Freunderlwirtschaft
Vignette: Pickerl
Vorfahrt: Vorrang
Wettbewerb: Bewerb
Wollmäuse, große Staubflocken: Lurch
Zähne: Zähnd
Zigarette: Tschick
Zitat: Sager
zusammenkleben: z'ammpickn

Dank

Küss die Hand

An dieser Stelle von ganzem Herzen: Danke! Allen österreichischen und deutschen Freunden in Wien und insbesondere auch all jenen Österreichern, die beim Lesen durchgehalten haben, obwohl manches wie in „Brehms Tierleben" klingt.

Dies ist natürlich kein Tagebuch und schon gar nicht ist es mein Wiener Tagebuch. Das Leben schreibt zwar oft die besten Geschichten und die meisten in diesem Buch haben sich auch irgendwie exakt genau so ähnlich zugetragen. Lebende Personen haben mir zudem liebevoll Pate gestanden für Protagonisten, für Einfälle und Ideen, mehr aber nicht. Denn ein bis zwei Geschichterln im Buch sind vielleicht dann doch und sogar ausdrücklich frei erfunden.

Allen, die sich hier und da wiederentdecken: Euch gilt mein tiefster Dank, schon für eure Ideen und die Anregungen für dieses Buch, aber vor allem für das mit euch Erlebte in Wien.

Das werde ich euch nie vergessen!